Chris Lohner

Keiner liebt mich so wie ich
oder
Die Kunst, in Harmonie zu leben

Ueberreuter

Die Deutsche Bibliothek – CIP-Einheitsaufnahme

Lohner, Chris:
Keiner liebt mich so wie ich oder die Kunst, in Harmonie
zu leben / Chris Lohner. – Wien : Ueberreuter, 1997
ISBN 3-8000-3648-7

AU 0405/1

Umschlagfoto: ORF/Günther Pichlkostner – Das Foto wurde von der
ORF/Öffentlichkeitsarbeit-Photographie zur Verfügung gestellt.

Druck: Ueberreuter Print
1 3 5 7 6 4 2

Meinen Eltern gewidmet.
Ohne sie wäre ich nicht da
und könnte mich nicht am Leben erfreuen!

INHALT

✶	Vorwort von Helmut Zilk	9
⌘	Bevor's losgeht!	11
☼	Der erste Schritt	15
❤	Die Liebe	27
☺	Humor	47
♀	Unter uns gesagt	61
♂	Männer usw.	83
◎	Kinder! Kinder!	101
⌂	Die Eltern	111
⌛	Das Leben an sich und die Folgen	121
✶	Zum Abschluß	132

VORWORT

Fast jeder in Österreich kennt Chris Lohner. Ich kenne sie aber wahrscheinlich schon ein bißchen länger als Sie. Als wir einander das erste Mal begegneten, war ich Fernseh-Direktor und sie eine auffallende Erscheinung, jung und strahlend schön. Gerade hatte sie ihren Job als Fotomodell an den Nagel gehängt und heuerte als Programm-Sprecherin beim ORF an.

23 Jahre später ist sie, wie Sie wissen, immer noch schön, ist sie erstaunlich jung geblieben – und ist vielleicht noch ein wenig strahlender als damals. Wie sie das schaffte, verrät sie auf den nächsten Seiten. Nein, erwarten Sie keinen Frauen-Ratgeber in Sachen Schönheit. Schon im Titel ihres Buches liegt ihr Geheimnis: »Keiner liebt mich so wie ich«. Erwarten Sie jetzt aber auch nicht die egomanischen Memoiren eines Fernseh-Stars. Der Buchtitel steht für eine Lebenshaltung – eben für »Die Kunst, in Harmonie zu leben« – und ist an alle adressiert, die mit sich und der Welt nicht so ganz im reinen sind. Und damit sind Frauen ebenso gemeint wie Männer.

Vor etwas mehr als 23 Jahren war Chris Lohner als Model noch ständig beruflich auf Achse, zerrissen zwischen Paris und Zürich, zwischen Italien und Deutschland. Heute ist sie zur Ruhe gekommen,

aber nicht minder aktiv. Hinter diesem Kunststück steht Lebensweisheit und eine gesunde Portion Optimismus. Von beidem kann man nur lernen. Als sie mich um das Vorwort bat, meinte sie, daß sie anderen Mut machen wolle. Etwas, was auch ich immer gemacht hätte. Ich bin stolz auf dieses Kompliment. Das Vorwort hätte ich aber auch so geschrieben – als Tribut an eine Frau voller Lebensmut.
Also, in diesem Sinne: Nur Mut, liebe Leserinnen und Leser.

Dr. Helmut Zilk

BEVOR'S LOSGEHT

⌘

Als ich das sogenannte Licht der Welt erblickte, war es ziemlich dunkel. Denn erstens wurde ich in der Nacht geboren, und zweitens war Krieg. Allen Umständen zum Trotz wurde ich dank der Gene meiner Eltern mit einem sonnigen Gemüt ausgestattet. Selbst im winzigsten Stadium meines Daseins belohnte ich auch nur die geringste Anteilnahme an meiner Person mit einem strahlenden, wenngleich zahnlosen Lächeln.
Als ich kaum gehen konnte, ging ich gleich so weit, daß ich im straßenbahntauglichen Alter mit jenen Herren anbandelte, die wie Opas aussahen – vermutlich weil ich selbst keinen hatte –, und verblüffte die Welt mit meiner Kontaktfreudigkeit. Ersteres habe ich mittlerweile abgelegt, zweiteres habe ich beibehalten.
Im Laufe der Zeit mußte ich feststellen, daß das Leben keineswegs einem Besuch beim Demel gleicht, wo alles in Hellblau, Rosa und Gold erstrahlt. So manches bittere Gericht mischte sich unter die Menüs meines Lebens, mit dem Resultat, daß ich die Köstlichkeiten noch mehr genoß als je zuvor.

Ich habe dieses Buch geschrieben, um Mut zu ma-

chen, um anzuregen, um Neugier zu wecken. Der erhobene Zeigefinger ist meine Sache nicht, und über andere Menschen zu befinden macht mir keinen Spaß. Ich will über mich selbst befinden, in Liebe, aber auch mit kritischem Blick. Ich will mich freuen über all das, was man nicht kaufen kann: über die Sonnenstrahlen zwischen den Bäumen im Frühling, deren grüne Blätter vor pechschwarzer Rinde mich bezaubern, über den aufmunternden Blick eines Freundes, die innige Umarmung eines geliebten Menschen. Und neugierig will ich bleiben auf alles, was um mich herum passiert. Und weil ich prinzipiell meine Erwartungen nicht in andere projiziere, könnte ich mir vorstellen, daß Sie dieses Buch vielleicht nur geliehen und nicht gekauft haben. Kaufen Sie es, das macht mir Freude, und Menschen, die sich freuen, sind zufrieden, und zufriedene Menschen sind angenehme Menschen.
Und wer weiß, vielleicht begegnen wir einander schon demnächst irgendwo auf dieser Welt!
Ich habe übrigens extra für Sie eine besonders große Schrift ausgewählt – falls Sie, so wie ich – zum Klub der Weitsichtigen gehören: Damit Sie immer und überall mein Buch ohne Brille lesen können!
Viel Spaß!

Chris Lohner

Blicke in dich. In deinem Innern ist eine Quelle,
die nie versiegt, wenn du nur zu graben verstehst.

Marc Aurel

DER ERSTE SCHRITT

Ich bin 1943 geboren. Und Sie? Auch so um diese Zeit? Dann gehören auch Sie zu jener Spezies, die das Potential der sogenannten Powerfrau in sich hat. Wir sind nämlich die, die gelernt haben, ja lernen mußten – es ging schließlich ums Überleben –, aus nichts etwas zu machen und mit wenig auszukommen, wenn's sein muß. Mittlerweile genießen wir es aber auch, aus dem vollen zu schöpfen, und sind damit die Lieblinge der Wirtschaft: wenn wir Lust dazu haben!
In diesem Bewußtsein, die Dinge im Griff zu haben, weil man ja verschiedene Facetten des Lebens bereits kennt, bin ich zwangsläufig bei der intensiven Beschäftigung mit meiner Person gelandet. Eine faszinierende Reise durch den Kosmos meines Ichs hat damit begonnen.

Sie halten das für egozentrisch? Ist es auch! Aber wie soll man irgend etwas über sich herausfinden, wenn man nicht in sich hineinhören darf? Egozentrik und Egoismus sind in unserer Gesellschaft negativ besetzt. Lediglich Künstlern werden diese Eigenschaften nachgesehen.
Was Sie das angeht? Sie leben jede Sekunde Ihres Lebens mit sich selbst. Niemand nimmt Ihnen auch

nur für den Bruchteil einer Sekunde Ihr Leben ab. Also ist es legitim, ja notwendig, daß Sie über Ihren höchstpersönlichen Kosmos bis ins kleinste Detail Bescheid wissen.

Die Wege dahin sind vielfältig. Eine ganze Industrie stellt gegen klingende Münze Hilfsmittel zur Selbst-Erforschung zur Verfügung. Benützen Sie diese Errungenschaften, wenn Sie mögen. Sie müssen aber nicht. Die Reise in Ihr Inneres können Sie auch ohne Hilfsmittel antreten, wenn Sie Lust und Freude daran haben und ausreichend Neugierde auf sich selbst mitbringen. Das hatte ich!
Ich habe mich selbst erforscht, kritisch betrachtet. Ich habe festgestellt, was bei mir nicht so richtig »sitzt«, und habe begonnen, an den Ecken und Kanten zu feilen, die ich entdeckte, Unarten, wenn man so will, zu beheben, aufmerksam auf meine Fehler zu achten und notwendige Reparaturen vorzunehmen.
Ich habe dadurch viel über mich erfahren und gelernt, mich zu akzeptieren und zu lieben. Ich habe mittlerweile ein Bild von mir: klar und scharf und ohne rosarote Brille. Und weil ich mich mag, meinen persönlichen Kosmos aufgeräumt habe, werde ich auch nie etwas tun, was sich gegen mich selbst richtet. Auch solche Kleinigkeiten: »Ich bin ja blöd!« oder »Das schaffe ich nicht!« bekomme ich nie von mir selbst zu hören. Wozu auch? Wenn ich schon so von mir denke, was soll denn dann meine Umgebung von mir denken?
Nicht, daß die Meinung der anderen das wichtigste ist, aber bis zu einem gewissen Grad darf sie zählen. Schließlich lebe ich ja nicht von Beeren und Wur-

zeln in einer Blockhütte, fernab jeglicher Zivilisation.
Trotzdem: Zuerst muß es für mich richtig »sitzen«, in mir, dann kommen erst die anderen dran. Die Erfahrung hat mir gezeigt, daß die anderen meine Harmonie auch spüren können, sofern nicht sämtliche Kanäle in ihrem Kosmos verschüttet oder blokkiert sind.

Die anderen: ein vielschichtiges Thema! Und: Wer sind sie überhaupt?
In meinem Fall sind die anderen die Freunde, die Familie, Menschen, die in meinem Leben wichtig sind und ich in ihrem. Weil ich sie liebe! Liebe ist in meinen Augen das wichtigste Element unserer Existenz: die Liebe zu allem, was lebt. Aber wie soll das gehen? Natürlich kann man nicht alle Menschen lieben, weil man ja auch nicht alle Menschen kennt. Das ist logisch. Es genügt, die Menschen allgemein zu mögen, sie zu respektieren, auf ihre Würde zu achten.
Jeder Mensch hat seine Geschichte, egal welche, und die fordert Respekt. Lernen Sie Ihre Mitmenschen kennen, machen Sie sich die Mühe. Es lohnt sich! Seien Sie interessiert, öffnen Sie sich nach außen! Das ist der erste Schritt gegen Vorurteile, die in unserer Welt so viel Schaden anrichten. Vorurteile machen unfrei und ängstlich. Angst kann zu Aggressionen führen. Fremdes, Unbekanntes macht unsicher, macht angst.
Wenn Sie einen finstren Raum betreten müssen, in dem Sie noch nie gewesen sind und in dem kein Licht brennt, dann werden Sie vermutlich ein gewisses Unbehagen, eine Unsicherheit, ja vielleicht sogar

Angst verspüren. Sie werden sich an irgendwelchem Mobiliar stoßen oder über irgend etwas stolpern. Derselbe Raum, wenn er Ihnen bekannt ist, kann von Ihnen auch im Dunkeln ohne Scheu betreten werden, weil Sie ja wissen, wie die Einrichtung angeordnet ist. Sie werden sich an nichts stoßen. Ich bin sicher, diese Erfahrung haben Sie auch schon einmal gemacht.

Dasselbe gilt für Ihre Mitmenschen: Sie sind die unbekannten Räume, vor denen man sich manchmal fürchtet. Gehen Sie doch einfach auf Entdekkungsreise! Nochmals: Seien Sie interessiert und offen! Neugierde und Interesse halten den Geist lebendig, die kleinen grauen Zellen frisch und uns jung und vergnügt. Und das wollen wir doch alle, Sie doch auch! Na eben!
Aber nur durch Neugierde, Wißbegierde, kann man Neues entdecken und erfahren. Über sich selbst und auch über andere. Vielleicht entdecken Sie Gemeinsamkeiten, und Sympathie entsteht. Von Mensch zu Mensch.
Und vergessen Sie nicht: Sympathie ist Wärme. Aber wie kann man Wärme, Liebe, ausstrahlen, wenn man diese Gefühle für sich selbst nicht hat? Man kann es nicht! Und deshalb meine ich, daß Sie sich selbst lieben sollen, was das Zeug hält! Denken Sie doch daran: Sie sind einmalig! Kein Mensch auf der Welt gleicht Ihnen!

Erkennen Sie: Sie sind der Herrscher über Ihren Körper, über Ihre Seele und Ihren Geist – und nicht umgekehrt.
Wärme, die Sie ausstrahlen, kommt hundertfach zu-

rück. Probieren Sie das einmal aus, auch wenn Sie zunächst vielleicht über Ihren Schatten springen müssen. Sie werden sehen, es eröffnen sich ungeahnte Möglichkeiten, die auch Ihrem eigenen Ego guttun.

Denken Sie täglich daran, und sagen Sie es sich auch laut vor: »Ich bin einmalig!« Vielleicht am Morgen, nach dem Aufwachen. Ich mache diese Übungen oder ähnliche gern beim Frühstück. Da lasse ich mir viel Zeit. Ich gehe in Gedanken den vergangenen Tag durch, kontrolliere, wie ich meinen Mitmenschen begegnet bin und was daran korrekturbedürftig ist. Dann wende ich mich dem neuen Tag zu, mit dem Vorsatz, falls nötig, verschiedenes besser oder einfach anders zu machen.

Ausgerüstet mit dieser »Energiespritze«, die Seele gereinigt, gehe ich stark und leicht zugleich in einen neuen Tag.

Die Zeit Ihrer persönlichen Seelenhygiene können Sie ja selbst bestimmen, so wie es sich eben in Ihren Alltag fügt.

Einen Versuch, so viel kann ich versprechen, ist es jedenfalls wert!

»Schön und gut!« werden Sie vielleicht jetzt sagen, »aber so einfach wird das schon nicht sein.« Sie haben völlig recht! Einfach ist die Reise ins Ich nicht. Sie will geplant und gut organisiert sein. Aber wie Sie wissen, ist das ja mit jeder Reise so.

Es ist auch keine Angelegenheit, die man so nebenbei erledigt. Aber: Sie schaffen es, auch ohne fremde Hilfe! Außer Sie haben Lust, einem Psychoanalytiker die Funktion eines Reisebüros zu übertragen. Das ist natürlich Ihre Sache.

Falls Sie aber die Reise allein antreten wollen, sollten Sie sich für die Vorbereitung viel Zeit nehmen.

Das wichtigste neben der Zeit ist die Ehrlichkeit. Und ehrlich zu sich zu sein, das ist wirklich nicht leicht. Ich habe das selbst erleben müssen. Allerdings gibt es ein Hilfsmittel, einen Trick, wenn Sie so wollen, mit der Ehrlichkeit zu sich selbst umzugehen.
Erfahrungsgemäß sehen wir ja lieber ein strahlendes Bild von uns selbst. Und das ist auch nur natürlich. Wenn es darum geht, Fehler einzugestehen, sind unsere Gedanken zu diesem Thema rasch erschöpft. Wird's unangenehm, beschäftigt man sich lieber mit anderen, erfreulicheren Dingen. Und genau das ist der Punkt, die Schmerzgrenze, die man überschreiten muß.

Nach etlichen Anläufen, mich zu erforschen, erfand ich immer wieder gute Ausreden vor mir selbst, meine Meditation, meine Reisevorbereitung, abzubrechen. Irgendwann – und dieser Zeitpunkt kommt sicher auch bei Ihnen – habe ich mir dann gesagt: »Also bitte! Das führt ja zu nichts. Jetzt schreibe ich einmal alles über mich auf. Dann habe ich es schwarz auf weiß und kann es nicht mehr ignorieren.« Das ist übrigens ein wunderbares Rezept, das ich seit meinen Mädchenjahren anwende. Ein Blatt Papier, eingeteilt in Pro und Kontra, hat mir oft geholfen, Entscheidungen zu treffen, wenn eine Situation für mich nicht so ganz klar war.
Also, warum nicht auch ein Pro und Kontra über sich selbst? Es hat lange gedauert, bis ich mich dazu entschlossen habe, aber ich habe es gemacht. Und

ich kann Ihnen sagen: Gott sei Dank, daß ich es gemacht habe.
So ein Papier hält einem unbestechlich vor Augen, was Sache ist. Denn welche Rubrik auch immer, Pro oder Kontra, dichter ausfällt, sie gibt Aufschluß über die weiteren Schritte. Das ist doch logisch! Finden Sie nicht? Wenn zwanzig Punkte für eine Sache sprechen und nur zwei dagegen, dann ist die Situation ja wohl klar.

Denken Sie also immer daran: Wenn Sie beginnen, im Kreis zu denken, und die unangenehmen Gedanken sofort verdrängen, dann ist so ein Papier eine große Hilfe.
Mein persönliches Reisedokument habe ich in Tugenden und Untugenden eingeteilt, denn Fehler sind es ja eigentlich nicht – obwohl ich das Wort auch verwende. Ein solches Reisedokument hilft, die Sache verständlicher zu machen.
Schreiben Sie alles über sich auf, teilen Sie ein, lassen Sie es fließen, auch wenn sich ein mulmiges Gefühl einschleicht. Das ist schon gut so! Es wäre ja auch seltsam, wenn man schwarz auf weiß seine Untugenden vor sich aufgelistet sieht und nicht davon berührt wäre.
Wenn Sie glauben, die Liste fertig zu haben, dann untersuchen Sie die einzelnen Punkte näher. Was Sie besonders freut, sollten Sie beibehalten und pflegen, bei dem was Sie besonders stört, sollten Sie gleich mit der Arbeit beginnen.

Sie haben recht: Neu ist das alles nicht, aber man denkt oft nicht an das Naheliegende. Die schriftliche Unterstützung macht Bewußtes noch bewußter.

Ein für allemal. Denn Sie müssen ja nicht jedesmal von vorne beginnen – so wie ich es erfahren habe –, wenn Sie die Reise in den eigenen Kosmos antreten wollen.
Das unscheinbare Papier, das Sie ja niemandem zeigen müssen, ist das Ticket für Ihre Reise. Destination: Sie selbst. Oder, falls Ihnen der Vergleich besser gefällt: Es ist der Grundstein zu einem Haus, das Sie ganz nach Ihren Wünschen planen. Ein Haus, in dem Sie die Zimmer so anordnen, wie Sie das brauchen, wo alles seinen Platz hat und Sie nicht lange rumsuchen müssen. Wie Sie dieses Haus einrichten, das ist Ihre Angelegenheit. Aber letzten Endes sollten Sie sich wohl fühlen und damit auch jeder, den Sie zu sich bitten.

Also: Der erste Schritt ist sicher der schwierigste! Nehmen Sie sich Zeit dafür und vor allem: Seien Sie ehrlich. Beschönigen Sie nichts. Bei anderen tun wir es ja auch nicht. Genießen Sie die schrittweise Erforschung einer wunderbaren und interessanten Person: Ihrer Person.

DER ERSTE SCHRITT

- Persönliche Liste: Pro und Kontra.
- Pflegen, was gefällt, korrigieren, was am wenigsten gefällt.
- Übung vor dem Spiegel: Ich bin einmalig!
- Keine negativen Gedanken und Äußerungen über mich selbst!
- Seelenhygiene: Wie war der vergangene Tag? Wie bin ich meinen Mitmenschen begegnet? Was möchte ich ändern?
- Habe ich Vorurteile? Welche?
- Ich bin mir meiner Person stets bewußt und auf dem Weg, meinen eigenen Kosmos genau zu erforschen.

Si vis amari, ama.
Willst du geliebt werden, liebe!

Seneca, Episteln, 9

DIE LIEBE

Wenn der erste Schritt gelungen ist, dann haben Sie gewissermaßen jederzeit eine Arbeits- und Trainingsunterlage griffbereit, die Sie sehr viel weiterbringt.
Was nun die Unarten angeht, so will ich darüber nicht allzu viele Worte verlieren. Einen Satz vielleicht doch: Sobald Ihnen Ihre eigenen Schwächen bewußt sind, ist es ratsam, daß Sie sich täglich dahingehend beobachten und Schritt für Schritt, Tag für Tag, daran arbeiten. Das ist leichter, als Sie glauben. Ertappen Sie sich selbst und verbessern Sie sich selbst. Jede noch so kleine Korrektur führt letzten Endes ganz bestimmt zum Ziel.
Was die Qualitäten, die guten Eigenschaften betrifft, so will ich diesen mehr als nur ein paar Zeilen widmen. Denn gerade die Pflege des Wunderbaren und Einmaligen in uns verhilft uns zu unglaublichen Fähigkeiten, zur Öffnung nach außen, und ist damit der Schlüssel zu einer faszinierenden Welt, in der so vieles möglich ist, was bisher unmöglich schien.
Daher werde ich die meiste Zeit damit verbringen, über diese Dinge zu reden. Sie sehen, wie wichtig mir das ist, und Sie werden selbst erleben, wie wichtig das auch für Sie werden kann.

Die Liebe scheint mir die größte Kraft, die in uns schlummert. Und zwar die Liebe zu allen lebendigen Wesen. Diese Liebe läßt es nicht zu, irgendeinem Lebewesen mutwillig zu schaden oder es zu verletzen.
Ich hatte einmal das große Glück, den Dalai-Lama interviewen zu dürfen. Auf meine Frage, wie man Buddhist wird, hat er mir genau diese Definition gegeben: Not to harm any living being! – Keinem Mitgeschöpf ein Leid zufügen.
Durch einen Zufall hatte ich Gelegenheit, sehr viel Zeit mit diesem weisen und in seinen Worten doch so einfachen Mann zu verbringen. Das Fernsehteam, das ich für dieses Interview bestellt hatte, erschien nämlich stundenlang nicht, und ich war ziemlich verzweifelt, weil ich ja nicht wußte, wie lange der Dalai-Lama mir zur Verfügung stehen würde. Als ich ihm die Situation erklärte, bat er mich in aller Freundlichkeit um Geduld mit jenen, die mich im Stich gelassen hatten. Ich verbrachte viele Stunden mit dem wunderbaren Mann, ohne Kamera und hatte einen der schönsten Vormittage meines Lebens.

Damit bestätigt sich einmal mehr die Theorie vom Guten im Schlechten. Wären alle pünktlich zur Stelle gewesen, ich wäre um ein entscheidendes Erlebnis ärmer. Mehr darüber später, denn jetzt will ich wieder auf die Liebe zurückkommen.
Es ist ja nicht so leicht – das wissen Sie sicher aus eigener Erfahrung –, nicht vom Thema abzuschweifen, wenn viele Gedanken nachdrängen und ausgesprochen werden wollen. Sie kennen das. Also, eines nach dem anderen.

Fest steht, und das ist nicht nur meine wunderbare Erleuchtung, daß ohne Liebe gar nichts geht. »Love makes the world go round!«, auch wenn's auf den ersten Blick nicht so aussieht.
Seit ich auf der Welt bin, gab es keinen Zeitraum, keinen Tag, keine Woche, in der nicht irgendwo auf dieser Welt Krieg war. So erschütternd diese Erkenntnis ist, wir leben trotzdem ganz gut damit, wie mir scheint. Wie oft höre ich: Was können wir schon tun, wenn irgendwo in Asien, Afrika oder Südamerika Krieg herrscht?
Ich sage Ihnen: Man kann etwas dagegen tun! Fangen Sie an, in Ihrem unmittelbaren Umfeld Liebe zu verbreiten und zu pflegen.
Wenn jeder Mensch auf dieser Welt nach diesem Prinzip vorginge, wer sollte dann noch einem anderen Böses wollen? Natürlich ist das vorläufig Theorie und auch ziemlich naiv, Sie haben schon recht, wenn Sie das so sehen, aber es könnte der Anfang einer Kettenreaktion sein, die Sie mit auslösen können.

Seien Sie sich der Liebe bewußt. Und zwar täglich! Betrachten Sie Ihre Mitmenschen liebevoller, auch wenn Sie glauben, sich über sie ärgern zu müssen. Denken Sie darüber nach, warum Ihr Visavis so ekelhaft ist, überlegen Sie, welche Umstände möglicherweise dazu geführt haben. Und denken Sie auch daran, daß dieselbe Energie, die Sie für Ihre Aggression brauchen, viel sinnvoller, weil positiv, für die Liebe verwendet werden kann.
Natürlich ist das nicht leicht, aber mit einiger Übung gelingt es. Und üben sollten Sie schon. Sie sollen ja auch nichts unterdrücken. Liebe sollte natürlich flie-

ßen und nicht nur eine zur Schau gestellte Aktion sein. Das würde Ihnen nicht weiterhelfen.

Ich finde es ganz nützlich, meine Abneigung, gegen wen auch immer, zu überprüfen, und oft merke ich, wie wenig Grundlagen für dieses negative Gefühl vorhanden sind. Manchmal muß ich mir dann eingestehen, und das ist nicht leicht – Sie werden das auch erleben –, daß mich eigentlich mein Spiegelbild ärgert. Das heißt, ich sehe in meinem Visavis genau das, was ich an mir nicht sehr mag. Selbstverständlich ein Grund, sich zu ärgern, aber doch mehr über sich selbst, finden Sie nicht?

Hier käme Ihre persönliche Liste wieder hilfreich zum Einsatz, und Sie könnten weiterhin verschiedene Korrekturen vornehmen. Und damit bin ich wieder bei der Liebe zu sich selbst.

Ich habe diesen Vorgang mit Absicht so simpel wie möglich beschrieben, denn es soll ja nur ein Beispiel sein, eines von vielen Mustern, auf denen unser Miteinander beruht.

Natürlich sollten Sie auch Ihren Unmut äußern, sich Luft machen, wenn's nötig scheint. Auch das ist wichtig für die innere Balance. Unverdautes kann wie ein Stein im Magen liegen. Man wird krank. Mit der Seele ist das genauso. Aber es kommt, meiner Meinung nach, darauf an, wie man sich Luft macht. Ich habe für mich entdeckt, daß man nahezu alles zu jedem sagen kann. Auch die unangenehmsten Dinge, wenn man sie nur in die richtige Form bringt. Diese Form ist sehr individuell. Sie werden das für sich selbst entdecken.

Wichtiges Kriterium: Sie sollten sich dabei immer wohl fühlen, und zwar richtig wohl fühlen. Nicht im kurzlebigen Gefühl der Genugtuung oder des Triumphes über den anderen schwelgen, nein, vermitteln Sie sich so, wie Sie gerne hätten, daß man Ihnen begegnet, auch in einer wenig erfreulichen Situation. Das leuchtet doch ein, finden Sie nicht?

Liebe ist ein Gefühl der Wärme: »Es wird warm ums Herz!« Wärme ist Energie. Öffnen Sie sich, und lassen Sie diese Energie fließen. Erfüllen Sie sich mit Liebe, sagen Sie es laut vor sich hin. Hört ja keiner, und wenn, vielleicht wirkt das anregend und nachahmenswert.

Wenn Sie Ihre tägliche Liebesübung machen, sich von Liebe erfüllen lassen, durch sich selbst, dann werden Sie bald entdecken, mit welch anderem Blick Sie Ihre Umwelt betrachten und mit welch anderem Blick auch Ihre Umgebung Sie betrachtet. Das ist ein tolles Erlebnis! Glauben Sie mir, ich hab's ausprobiert.

Es ist ein Glücksgefühl sondergleichen, und jede Begegnung mit einem anderen Lebewesen, sei es eine Pflanze, ein Tier oder ein Mensch, wird zu etwas Besonderem.

Entrümpeln Sie sich, entschärfen Sie Ihre Vorurteile, mildern Sie Ihre Aggressionen. Räumen Sie gründlich auf, vor allem in den dunklen Ecken. Lassen Sie Licht in Ihren Kosmos fließen, bis in den kleinsten, verborgensten Winkel, um der Liebe einen standesgemäßen Platz bieten zu können. Sie werden sehen: Es ist phantastisch!

Ein guter Beginn, den Blick ins Innere zu richten, ist autogenes Training. Es führt zu körperlicher und geistiger Ruhe, und dafür ist es auch gedacht: als

Entspannungsmethode. Ich habe mir das autogene Training mit Hilfe eines Buches selbst beigebracht, das ist aber nicht der einzige Weg. Es gibt dafür auch sehr gute Lehrer! Mir hat es zur inneren Wahrnehmung verholfen, und es war für mich sicher der erste Schritt in meinen eigenen Kosmos. Ich kann mir seither im wahrsten Sinne des Wortes ein Bild von mir machen! Vielleicht ist das auch für Sie ein guter Einstieg, um Licht und Liebe in Ihrem Kosmos zum Fließen zu bringen!

Der erste sichtbare Erfolg der Aktion Liebe wird Ihre Freundlichkeit im Umgang mit anderen sein. Das geht ganz automatisch, weil es eine natürliche Reaktion, eine logische Folge der Liebe ist. Ich sehe das immer wieder. Freundlichkeit, wahrhafte Freundlichkeit, ist einer der Schlüssel zu anderen Menschen auf der ganzen Welt, auch wenn man nicht dieselbe Sprache spricht. Freundlichkeit vermittelt sich im einfachsten Fall durch ein Lächeln, und ich kenne niemanden, der sich einem strahlenden, offenen Lächeln verschließen könnte. Außerdem, und das ist ein wunderbarer Nebeneffekt, bringt uns Lächeln und Lachen im Laufe der Jahre jene Falten – und Falten kriegt man sowieso –, die ein Gesicht bis ins hohe Alter vergnügt und sympathisch aussehen lassen. Und solche Falten hätten Sie doch auch lieber in Ihrem Gesicht als die anderen, grimmigen, da bin ich ganz sicher!

Wenn schon ein Lächeln ohne Worte Türen öffnen kann, was glauben Sie, welche Wunder freundliche Worte vollbringen können. Nahezu alle erdenklichen Wunder! Mag sein, daß manche Menschen

zuerst mißtrauisch darauf reagieren, aus Unsicherheit, aus Angst: »Was will die, der, von mir?« Aber Sie wollen ja nur freundlich sein, weil Sie die Menschen lieben, und das vermittelt sich letzten Endes auf jeden Fall.
Ich habe das oft selbst erlebt, zu Hause und im Ausland. Erste Reaktionen auf ein freundliches Wort meinerseits: ungläubiges Mustern meiner Person bis zur deutlich erkennbaren Abschätzung: »Die ist ja verrückt, was will sie von mir?«
Aber ich schwöre Ihnen, bereits ein zweiter freundlicher Satz verwandelte die meisten Menschen in ebenfalls freundliche Wesen, und in manchen Gesichtern konnte ich sogar eine gewisse Dankbarkeit über die freundliche Zuwendung erkennen.
Sie werden sehen, wie natürlich, wie selbstverständlich und leicht die Freundlichkeit in Ihrem Leben Einzug hält, wenn Sie es zulassen. Muß ja sein, wenn Sie von Liebe erfüllt sind. Und dann werden Sie auch bewußt erleben, wie sehr andere Menschen, wenn nötig, bereit sind, für Sie etwas zu tun. Sei es nur die geringste Kleinigkeit oder das scheinbar Unmögliche.

Ich habe das auf meinen vielen Auslandsreisen erlebt, wo ich ja für niemanden ein populäres Symbol für irgend etwas bin, und ich erlebe es immer noch. Auch in Ländern, in denen Frauen im allgemeinen eher ignoriert werden, wie zum Beispiel in vielen arabischen Ländern.
Auf meiner Reise durch den Jemen – ein wunderschönes Land, wie aus 1001 Nacht, das heute zum Teil wieder für den Tourismus verschlossen ist – konnte ich erfahren, wie Männer, die zuerst mit

Ablehnung reagierten, durch freundliche Worte das Unwahrscheinliche wahrmachten. Ob ein Besuch in den Frauengemächern einer angesehen Familie oder der Blick in eine Moschee, der normalerweise verwehrt ist – freundliche Worte öffneten Türen und Tore.
Auch in Ägypten ist es mir so ergangen. Ich war dort mit drei Freundinnen unterwegs. Unser Standort war Crocodile Island, eine Insel im Nil bei Luxor. Logischerweise führte unser erster Ausflug nach Luxor, wo wir unsere Umgebung erkunden und sozusagen auf dem historischen Boden des einstigen Theben wandeln wollten.
Im Hotel Winterpalace tranken wir auf der Terrasse Kaffee, mit Blick über den Nil und zum andern Ufer, wo das Tal der Könige noch auf uns wartete. Wir hatten gehört, daß in diesem Hotel der letzte Monarch Ägyptens, der legendäre König Faruk, der 1952 abdanken mußte, gelegentlich die Wintermonate verbrachte. Und dieses königliche Domizil, seine Suite, wollte ich gerne sehen. Also beschloß ich, mit dem Hotelmanager zu reden.
Meine Freundinnen versuchten, mich davon abzuhalten, denn, so der Tenor: »Es hätte ja keinen Sinn und würde zu nichts führen.« Ich ließ mich aber von meinem Vorhaben nicht abbringen, schon deshalb nicht, weil ich überzeugt bin, daß oft scheinbar Unmögliches möglich wird, wenn man es nur versucht. Ohne Versuch bleibt es das, was es scheint: unmöglich.
Also führte ich ein langes Gespräch mit dem Hotelmanager. Der höfliche und sehr kultivierte Mann freute sich ganz besonders, daß ich als Ausländerin über sein Land so viel wußte, und fand in mir auch

eine aufmerksame Zuhörerin. Das Eis war gebrochen!
Freundlichkeit und Einfühlungsvermögen öffneten die Türen zu jenen Gemächern, die damals für Touristen verschlossen blieben und auch für Bakschisch nicht aufgingen. Meine Freundinnen haben begeistert fotografiert. Und auch die eine unter ihnen, die mit meiner Extrovertiertheit nicht immer ganz einverstanden ist, hielt sich – einmal mehr – mit ihrer Kritik an meiner Kontaktfreudigkeit zurück. Das ist nur eine kleine Begebenheit, aber sie ist passiert, wie viele andere auch, die ein eigenes Buch füllen könnten. Aber das ist eine andere Geschichte.
Vorerst wünsche ich mir, daß dieses Buch fertig wird, damit Sie es, so wie jetzt, lesen können und vielleicht davon profitieren, wenn Sie Lust dazu haben.

Während ich schreibe – und ich tue das wie Wilma Feuerstein zunächst einmal mit der Hand –, merke ich, wie sehr der sogenannte Volksmund recht hat, wie weise die Sprüche sind, die wie Allgemeinplätze klingen. Und ich denke an meine von mir über alles geliebte Großmutter, die immer ein Sprüchlein parat hatte, über das ich mich als Kind stundenlang zerkugeln konnte. Gerade zum Thema Freundlichkeit fällt mir eine ihrer landläufigen Redensarten ein:
»Mit dem Hut in der Hand kommst du durch das ganze Land.«
Sagen Sie jetzt nicht, das sei ein blöder Spruch! Das stimmt nämlich nicht. Ich für meinen Teil weiß, und meine persönliche Statistik beweist es, daß man mit diesem »Hut in der Hand«, mit der Freundlichkeit, sehr wohl durch die ganze Welt kommt. Ein Resultat der Liebe! Ist doch schön, nicht?

Wenn Sie von Haus aus ein extrovertierter Mensch sind, dann fällt es Ihnen leichter, diesen Weg zu gehen. Aber auch wenn Sie zu den introvertierten Geschöpfen gehören, werden Sie, wenn Sie es wirklich wollen, Ihren ganz persönlichen Weg finden, um Ihre ganz persönliche Freundlichkeit zu entwikkeln, wenn Sie die Liebe zu sich bereits erobert haben.
Warten Sie's nur ab und üben Sie immer wieder, es kann in keinem Fall schaden. Der Erfolg ist Ihnen sicher und damit auch ein wunderbares Gefühl!

Durch die Liebe zu mir selbst – und damit zu anderen – habe ich entdeckt, wie leicht es geworden ist, jemandem zu sagen, was mir an ihm gefällt. Sei es nun eine Äußerlichkeit, wie ein schönes Kleid, schönes Haar, die Farbe der Augen oder sei es die Art, wie sie oder er mir entgegenkommt. Auch Sie werden diese Erfahrung machen.
Diese scheinbaren Komplimente sind aber keine Schmeicheleien, sondern ehrliche Streicheleien, die immer spontan aus dem Herzen kommen. Wenn ich früher gedacht habe: Was für eine schöne Frau! so sage ich es jetzt laut heraus und freue mich über die Freude, die das auslöst. Und damit bin ich wieder bei dem, was auch mir guttut: bei einem schönen Gefühl.
Alles in allem können Sie erkennen, daß immer die Liebe dahintersteht, und darum ist sie so wichtig.
Was die Liebe zwischen Mann und Frau angeht, so ist sie, finde ich, zumindest ein eigenes Kapitel wert. Davon also später.

Bei aller Liebe und Freundlichkeit vergessen Sie bitte

nie, auch Ihre »Unarten« zu überprüfen und an ihnen zu arbeiten. Finden Sie heraus, warum Sie zum Beispiel neidisch sind, aggressiv oder ungerecht. Vergessen Sie niemals, daß Sie diejenige/derjenige sind, die/der Sie glücklich oder unglücklich macht, und niemand sonst! Sie haben die Verantwortung und die Macht über sich selbst. Nutzen Sie das!

Das geht natürlich nicht über Nacht, also seien Sie nicht ungeduldig mit sich selbst. Alles braucht seine Zeit, und wenn Sie sich entschlossen haben, die Reise zu sich selbst anzutreten, dann nehmen Sie sich auch Zeit dafür.
Zeitmangel ist eine schlechte Ausrede. Ich will Ihnen auch sagen, warum: Es gibt ihn nicht, den vielzitierten Mangel an Zeit. Die Zeit ist da und will eingeteilt werden, in Wichtiges und Unwichtiges. Und was mir zum Beispiel wichtig erscheint, dafür habe ich auch immer Zeit. Sie doch sicherlich auch! Also setzen Sie Prioritäten für jeden Tag, und Sie werden staunen, wieviel Zeit noch übrig bleibt. Zeit, die Sie für sich selbst nutzen können. Und wer ist schon wichtiger für Sie als Sie selbst? Verwöhnen Sie sich mit einem »Urlaub am Tage«, und sei es auch nur für zwanzig Minuten, die Ihnen ganz allein gehören. Machen Sie damit, was Sie wollen. Aber machen Sie wirklich nur das, was Sie wollen. Egal, was es ist, Sie werden erfahren, wieviel Energie dieser Kurzurlaub bringt.
Lernen Sie dabei aber unbedingt, den Augenblick zu genießen, verwöhnen und belohnen Sie sich selbst. Wenn Sie es nicht tun, wer sollte es sonst tun? Sie wissen ja am besten, was Ihnen guttut und was Ihnen Freude macht.

Es ist schön, wenn jemand anderer versucht, Ihnen Freude zu bereiten, aber rechnen Sie nicht damit. Rechnen Sie überhaupt nie damit, daß irgend jemand genau das tut, was Sie von ihm erwarten.
Es ist gut, wenn es passiert, eine schöne Überraschung. Wenn es nicht passiert, seien Sie nicht enttäuscht. Warum nicht? Weil es doch ziemlich ungerecht ist zu glauben, der andere muß genauso reagieren, wie ich mir das vorstelle. Woher weiß ich denn, in welchen Gedankenstürmen sich der andere gerade befindet? Wieso halte ich es für selbstverständlich, daß der andere just in diesem Moment auf meiner Wellenlänge empfängt? Genausogut könnte der andere erwarten, daß ich mich auf seine Welle einstelle. Seien Sie einfach offen, stellen Sie auf Empfang, und lassen Sie sich überraschen. Und wenn Sie etwas Bestimmtes wollen, dann sagen Sie es auch, nur so werden Sie es bekommen. Es ist nicht zielführend, sich beleidigt zurückzuziehen, weil das Gegenüber die geheimen Wünsche nicht errät.
Sie wissen ja, Sie bestimmen, ob Sie glücklich oder unglücklich sein wollen. Vergessen Sie nicht: Jeder Mensch ist einzigartig und hat auf seine Weise etwas zu bieten. Genießen Sie, was die anderen zu bieten haben.

Mein Freundeskreis, nicht zu verwechseln mit »Bekanntenkreis«, ist nicht sehr groß. Echte Freunde sind ein kostbares Geschenk, so wie man selbst als Freund den anderen kostbar ist. Jeder meiner Freunde ist für mich ein besonderer Mensch, der Besonderes zu bieten hat. Während ich mit meiner Freundin Gucki nahezu alles besprechen kann, ist Gigi jener Mensch, mit dem ich am besten lachen kann.

Weltmeisterin im Grübeln ist meine Freundin Barbara, und ich höre ihr gern dabei zu. Ihr Mann Willy ist das, was man einen Frauenfreund im besten Sinne nennen kann: Er ist ein männlicher Feminist, der immer ein offenes Ohr für Probleme hat und ein außerordentlich großes Einfühlungsvermögen besitzt. Meine Freundin Anne liebt es, gebraucht zu werden, und das ist gut zu wissen.
Was ich dieser Runde bieten kann, das soll sie Ihnen selbst sagen. Aber ich glaube, ich bin diejenige, bei der alle Fäden zusammenlaufen und die dafür sorgt, daß eine liebevolle Interaktion nie aufhört. Das heißt, ich versuche, meine Freunde um mich zu versammeln, sooft es möglich ist, damit sie auch miteinander kommunizieren können, und auch dann, wenn ich einmal nicht dabei sein kann. So ist im Laufe der Zeit ein starkes Gewebe entstanden, das uns alle schützend umhüllt, in einer Atmosphäre von Liebe und Geborgenheit.
Aber auch das entwickelt sich nicht von selbst und nicht über Nacht. Es bedeutet Arbeit. Eine schöne Arbeit, die sich lohnt, die alles beinhaltet, wovon ich bis jetzt gesprochen habe. Dieses Gefühl der Geborgenheit und der Sicherheit ist eine gute Unterstützung für das »Sich-seiner-selbst-bewußt-Werden«. Und wer sich seiner selbst bewußt ist, sich genau kennt, seine Schwächen und Stärken kennt, der wird sich nicht durch andere verunsichern lassen.

Ich habe zum Beispiel die Angewohnheit – arbeite immer wieder an der Verbesserung –, andere in ihrem Redefluß zu unterbrechen, weil ich offenbar zu schnell kombiniere und meistens zu wissen glaube, was kommt. Mit einem Wort: Ich bin ungeduldig.

Heute allerdings schon viel weniger als noch vor einigen Jahren. Wer auch immer mich auf diese »Unart« aufmerksam macht, hat meine ungetrübte Dankbarkeit dafür, daß er mich daran erinnert. Ich weiß ja, daß er recht hat. Das weiß ich aber nur, weil ich über mich Bescheid weiß, und daher werde ich weder böse noch beleidigt sein.

Das heißt, es kann auch Sie nichts aus dem Gleichgewicht bringen, wenn Sie ganz genau wissen, wer Sie sind (Liste!). Was nicht zutrifft, im Guten und im Schlechten, geht an Ihnen vorbei, findet kein Echo oder erzeugt kein Unbehagen. Es ist einfach kein Platz dafür. Ein abgeschossener Pfeil ohne Ziel findet keinen Widerstand und sinkt kraftlos zu Boden. Vergessen Sie das nicht, falls sich doch einmal das Gefühl einschleichen sollte, beleidigt sein zu müssen. Es ist nur vergeudete Energie.

Echten Ärger, und das sagte ich schon, sollten Sie allerdings nicht unterdrücken. Sie wollen ja nicht krank werden! Sie wissen ja: Kranksein kommt von kränken. Wieder einer der ach so wahren Sprüche!

Es ist nicht gesund und auch nicht besonders zielführend, tagelang ob eines Ärgers mißmutig zu sein. Machen Sie sich Luft!

Wenn ich gelegentlich am Explodieren bin, aus welchen Gründen auch immer, setze ich mich zum Beispiel ins Auto und lasse meine Wut heraus, indem ich lautstark vor mich hin schimpfe. Und das kann manchmal auch ziemlich unfein sein. Aber es hört mich ja niemand, und mir ist danach leichter!

Es muß ja nicht das Auto sein, aber manchmal ist es der einzige Ort, der gerade vorhanden ist, wo man ungestört und allein Dampf ablassen kann. Schimpfen Sie wie ein Rohrspatz, wenn es Ihnen guttut. Mir verschafft es große Erleichterung. Schon deshalb, weil es oft sinnlos ist, den Usurpator für den Stau in mir anzubrüllen. Ja, nicht nur sinnlos, sondern manchmal auch gefährlich. Oder halten Sie es für sinnvoll und zielführend, einem Vorgesetzten die Leviten zu lesen? Eben! Man kann damit – und wird es wahrscheinlich auch – für sich mehr kaputtmachen als gewinnen.

Eine echte Auseinandersetzung, ein Streit, sollte für Sie zumindest die Möglichkeit beinhalten, ein positives Resultat zu erzielen. Wenn diese Chance nicht besteht – und das können Sie für sich selbst am besten abschätzen –, können Sie ebensogut den Mond anbrüllen. Nur für den Triumph des Augenblicks: »Dem hab' ich's aber gesagt!« ist das Risiko zu groß, daß Sie selbst auf der Strecke bleiben. Und das wollen Sie sicher nicht. Vergessen Sie also nicht: Sie wollen Ihre Energie sinnvoll anwenden.

Das heißt aber nicht, daß man echten Konflikten aus dem Weg gehen soll. Bedenken Sie, wer Sie sind, daß Sie eine Meinung haben und diese auch kultiviert vertreten können. Einem stichhaltigen Argument wird sich ein intelligentes Gegenüber kaum verschließen.

Wenn man sich, so wie ich, am Beginn der zweiten Hälfte des Lebens befindet, so ist es, weiß Gott, nicht mehr unbedingt notwendig, everybody's darling zu sein. Das ist Zeitverschwendung, und ich für meinen Teil gehe mit der Zeit sorgfältig, ja nahezu geizig um.

So wie ich sagen kann, was mich freut, was ich möchte, so kann ich auch sagen, was ich nicht möchte, was mir weh tut. Weil ich herausgefunden habe, wer ich bin, weil ich mich liebe wie kein anderer, bin ich imstande, mitzuteilen, was das geliebte Wesen, nämlich ich, mag oder nicht mag. So bleibe ich in meinem Gleichgewicht, in meiner Harmonie, und das bedeutet Ausgewogenheit. Und das ist ein Zustand, der anderen nicht verborgen bleibt und respektiert wird.

Überlegen Sie einmal in aller Ruhe, was ich Ihnen bis jetzt gesagt habe. Gewiß gibt es einiges, was Sie ohnehin seit langem schon so machen.
Ich versuche nur – und möge es mir gelingen! –, Ihnen die Zusammenhänge bewußt zu machen, für Ihr tägliches Leben bewußt zu machen, damit Sie, falls es Ihr Ziel ist, in sich selbst ruhen können und damit eine besondere Lebensqualität erreichen.

Was ich davon habe? Das will ich Ihnen sagen: Man lernt täglich etwas dazu, und wenn ich irgend jemanden treffe, der mir neue Perspektiven eröffnet, weil er sich über irgend etwas ganz besonders intensiv Gedanken gemacht hat, so bin ich dankbar dafür.
Genauso gebe ich meinerseits gerne weiter, was ich in Gedanken und Taten bereits vollzogen habe, in der Hoffnung, eines Tages viele Gleichgesinnte zu treffen, die in einem liebevollen Miteinander leben können. Und das kommt letzten Endes jedem von uns, und damit auch mir, zugute.

Wichtig ist – und mögen Sie das nie vergessen – alles, was ich für Sie aufgeschrieben habe, ist keinesfalls als Schnellkursus oder als Dreiwochenplan für das große Glück zu verstehen. Es ist lediglich ein Vorschlag für einen möglichen Lebensweg. Und das ist eine Frage der Zeit. Viel Zeit! Auch ich habe erst die Mitte meines Lebens erreichen müssen, um die Vorgänge in meinem Inneren artikulieren zu können. Ein Vorteil für Sie: Ich habe die Vorarbeit für Sie bereits geleistet und will Sie nur an vieles erinnern, was Sie ohnehin wissen. Ich möchte es Ihnen nur bewußt machen. Das ist alles.

DIE LIEBE

- Die Liebe ist die stärkste Kraft.
- Ich versuche bewußt, meine Mitgeschöpfe weder zu beleidigen noch zu verletzen.
- Ich öffne mich für alles Positive und gehe offen auf meine Mitmenschen zu.
- Ich pflege meine Freundlichkeit.
- Ich bleibe neugierig.
- Ich scheue keine Konflikte, vermeide aber sinnlosen Streit.
- Ich konzentriere mich täglich einige Minuten auf meinen persönlichen Kosmos: Liste! Möglicher Einstieg zur Selbstentspannung: autogenes Training.
- Übung, laut mit geschlossenen Augen, Blick nach innen, in aller Ruhe: Ich erfülle mich mit Liebe, Licht und Energie!
- Ich entscheide, wie es mir geht.
- Ich überprüfe meine Erwartungshaltung.
- Ich sage, was ich möchte und was ich nicht mag.
- Ich lerne mich täglich besser kennen und lieben.

Wer sich mit Humor wappnet,
ist praktisch unverwundbar.

Ernst Penzoldt

HUMOR

☺

Haben Sie heute schon gelacht? Womöglich über sich selbst? Dann kann ich Ihnen nur gratulieren! Denn Sie besitzen ein göttliches Geschenk: Humor. Ein Geschenk, das gepflegt und gehegt werden will. Ein Geschenk, das nicht zu erwerben ist, nicht um alles Geld der Welt.

Wem es nicht in die Wiege gelegt wurde, der ist wahrlich zu bedauern, und ich kenne einige Mitmenschen, die diesbezüglich leer ausgegangen sind. Diese Menschen haben meine ehrliche Anteilnahme, denn ich glaube, daß Humor nicht nur nicht zu erwerben, sondern auch nicht erlernbar ist. Ich habe nämlich im Laufe meines Lebens noch niemanden getroffen, der sich von seiner Humorlosigkeit befreien konnte.

Wenn Sie zu den anderen gehören, den Humorvollen und nicht zu den Humorleeren, dann seien Sie glücklich, dankbar, selig ... was weiß ich noch alles! Alles auf dieser Welt – und ich meine alles –, was nicht zu den lustvollen Dingen gehört, ist mit Humor leichter zu ertragen. Wenn man Humor besitzt, soll man ihn pflegen, muß man ihn pflegen, damit er nicht verkümmert. Hat man das göttliche Geschenk einmal verloren, bekommt man es nie wieder zurück. Vergessen Sie das nie! Es ist wirklich wichtig.

Aber was ist das: Humor? Keine leichte Antwort, wie ich selbst gerade merke. Ich werde den umgekehrten Weg wählen und zunächst versuchen zu klären, was Humor nicht ist:
Tortenschlachten, hämische Freude über die Ungeschicklichkeit oder den Schaden anderer, derbe Witze und Zoten, rüdes Benehmen, wie zum Beispiel einer Frau auf den Hintern zu hauen und ob ihrer Entrüstung diese als humorlos hinzustellen. Humor ist auch nicht die perfide Aktion, andere lächerlich zu machen oder durch Taktlosigkeit in Verlegenheit zu bringen.

Humor ist reinen Herzens! Er ist das Augenzwinkern des Lebens, die Aufforderung, nicht alles todernst zu nehmen und sich selbst schon gar nicht.
Denn, Sie wissen es ja mittlerweile: Wer sich selbst liebt und in logischer Folge auch seine Mitgeschöpfe, der kann sich selbst und auch andere mit einer milden Leichtigkeit, mit einem Schmunzeln betrachten, weil er ja um die Wichtigkeit und Unwichtigkeit vieler Dinge weiß.

Ein Beispiel:
Ich verbrachte letzten Sommer, wie schon so viele Jahre hindurch, mit meinem Lebenspartner in Jamaika. Er stammt von dieser schönen Karibikinsel. Einige seiner sechs Geschwister und deren Kinder leben auf der Insel, andere in England, Schweden und in den USA. Seit unserem ersten Besuch vor etlichen Jahren haben wir beide, Lance und ich, Familienmeetings eingeführt.
Entweder wir mieten in Kingston, der Hauptstadt Jamaikas, in einem Hotel einen sogenannten »func-

tionroom«, einen Saal mit einer Tafel für etwa dreißig Leute, oder eines der zahlreichen Familienmitglieder nimmt die Arbeit der Bewirtung auf sich und lädt alle zu sich nach Hause. Viele von Lances Geschwistern haben Kinder, die auch schon Kinder haben, und Sie können sich vorstellen, wie groß die Runde sein kann. Soweit die Vorgeschichte.

Besagten Sommer waren es Neffe Michael und seine Frau, die die Rolle der Gastgeber übernahmen. Sie waren erst vor kurzem von Chicago nach Kingston übersiedelt und sehr stolz auf ihr neues Haus in den Hügeln von Kingston.
Wir flogen von Montegobay, wo wir Ferien machten, nach Kingston, nahmen uns ein Zimmer im Hotel und machten uns fein für die Party. Ein Taxi wurde gerufen, wir gaben dem Chauffeur die Adresse, die für uns ja neu war.
Das Taxi sah so alt aus wie der Fahrer, nämlich an die siebzig Jahre, und Lance und ich waren auf alles gefaßt – dachten wir.
Es war eine wunderbare karibische Nacht mit einem sternenübersäten Himmel, wie er nur in der Nähe des Äquators vorkommt. Wir fuhren gemächlich dahin. Zu gemächlich und auch für die große Stadt viel zu lang. Der Grund dafür war bald klar: Der Fahrer kannte die von uns genannte Straße nicht. Er versicherte uns zwar mit einem relativ zahnlosen Grinsen, daß wir ganz in der Nähe seien und er nur noch die richtige Hausnummer finden müsse. Das ist, zugegebenermaßen, in Kingston nicht so leicht.
Nach einer Stunde Kreuz- und Rätselfahrt hatte ich die wunderbare Idee, doch anzuhalten und jemanden zu fragen.

Natürlich war kein Mensch auf der Straße. Im Villenviertel von Kingston ist das sowieso selten und schon gar nicht um neun Uhr abends. Der Fahrer hielt an, und ich stieg aus – unter Protest von Lance, der sich an meine spontanen Aktionen bis heute noch nicht gewöhnt hat. Ich ging zur nächsten Villa und läutete an. Dazu muß man wissen, daß die Kingstonians mit Villen sehr scharfe und gefährliche Hunde halten, die ihre Häuser bewachen. Außerdem gibt es ein ungeschriebenes Gesetz unter den Städtern: Unbekannte werden nie und unter keinen Umständen ins Haus gelassen. Die Kriminalität in Kingston ist relativ hoch.
Begleitet vom furchterregenden Gebrüll seiner Hunde kam ein junger Mann zum Tor und musterte mich etwas verwundert. Da stand ich in einem blütenweißen Hauch von einem Hosenanzug, offensichtlich »european«, drei Meter von einer alten Klapperkiste entfernt, in der zwei Jamaikaner saßen, und fragte nach einer Adresse. Der junge Mann war, Gott sei Dank, bereit zu helfen und ging ins Haus zurück, um wenigstens die Telefonnummer zu eruieren, denn die hatten wir auch nicht.

Und da passierte es! In meinem europäischen Umweltbewußtsein bat ich den unglückseligen Taxichauffeur, doch den Motor abzustellen. Lance versuchte noch, den Fahrer daran zu hindern, doch es war bereits zu spät.
Der junge Mann kam zurück und gab mir die Telefonnummer bekannt. Wozu eigentlich? Weit und breit war kein Telefon zu sehen! Dem Taxichauffeur gab er Anweisungen für den Weg.
Dieser aber – es traf mich fast der Schlag – konnte

das uralte Gefährt nicht mehr in Gang bringen. Zahlreiche Versuche brachten gar nichts, und auch die Starthilfe des jungen Mannes, der sich zum Glück noch nicht in sein Haus zurückgezogen hatte, war ohne Effekt.
Lance wurde immer wütender ... auf mich! War ich doch in seinen Augen die Ursache für das motorische Dilemma. Und wie wir so dastanden, ich im zarten duftigen Weiß, eine Weiße unter drei Schwarzen, Lance in beiges Leinen gehüllt, jeder von uns beiden auf seine Weise für das Fest herausgeputzt, über uns der prachtvolle Himmel, neben uns der fast zahnlose Taxifahrer mit seinem Unglücksgefährt, leise in Patois – dem jamaikanischen Dialekt – vor sich hin jammernd, da konnte ich plötzlich nicht anders, als in schallendes Gelächter auszubrechen. Ich lachte und lachte und konnte nicht mehr aufhören! Die Situation war einfach zu komisch!
Und was zwischen Lance und mir vermutlich zu einer Auseinandersetzung geführt hätte, weil jeder von uns gern auf seiner Position beharrt, wurde im Bruchteil einer Sekunde zu einem Quell grenzenloser Heiterkeit. Mein Lachen übertrug sich, die Spannung war raus: Wir konnten beide über uns selbst lachen!
Ende gut, alles gut! Der junge Mann fuhr uns dann mit seinem Auto zum Familienmeeting, wo wir trotz zweistündiger Verspätung freudigst empfangen wurden. Und der alte Taxifahrer? Er hat vermutlich die Nacht in den Hügeln von Kingston verbracht, oder vielleicht ist er immer noch dort.

Der lange Rede kurzer Sinn? Mit Humor ließ sich die mißliche Situation meistern. Der Abend war

gerettet und wurde noch wunderschön. Ohne Humor hätten schlechte Stimmung und ein eventueller Streit die Oberhand gewonnen, und der restliche Abend wäre keineswegs so harmonisch verlaufen. Und das wäre sehr schade gewesen.
Ein mißlungener Abend ist vergeudete Zeit, und Zeit ist zu kostbar, um sie zu vergeuden, da werden Sie mir sicher recht geben!

Also: Wenn Sie Humor besitzen und das innere Lächeln, dann verwenden Sie es, setzen Sie's ein, ganz bewußt, und Sie werden merken, daß es neben der Liebe noch eine weitere sehr wichtige Facette gibt, das Leben schöner zu empfinden.
Anstatt sich über sich selbst zu ärgern, schmunzeln oder lachen Sie doch lieber über sich. Vielleicht ist das nicht immer möglich, aber es gibt viele Situationen, die bei genauerem Hinsehen mehr den Schmunzler verdienen als den Grimm. Beobachten Sie sich einfach selbst! Denn auch hier stimmt wieder eine alte Binsenweisheit: Humor ist, wenn man trotzdem lacht! Sie erinnern sich, ich bin jemand, der Binsenweisheiten schätzt. Lachen Sie nicht! Aber warum eigentlich nicht? Wenn Sie Lust dazu haben! Ich weiß ja, was für mich wichtig ist, und Sie wissen es vermutlich für sich auch!

Ich habe mir im Laufe der Zeit angewöhnt, auch in einer noch so schlechten Situation den Funken des Guten daran, den Sinn der Aktion, zu erkennen, und ich schwöre Ihnen: Ich habe ihn immer gefunden. Nicht immer auf den ersten Blick, nicht immer sofort, aber in jedem Fall früher oder später.
Ich glaube, daß man den Blick dafür trainieren kann.

Wenn Sie offen sind, sich selbst lieben, von Liebe und damit von Energie erfüllt sind, dann können Sie das auch. Probieren Sie es doch bei nächster Gelegenheit aus. Analysieren Sie die Situation, und stellen Sie sich die Frage: Was ist das Positive daran, was ist der Sinn der Sache?

Warum ich das jetzt aufgreife? Das will ich Ihnen sagen: Ich habe entdeckt, daß es mit dem Humor genauso ist. Er wird sich Ihnen nicht in jeder Situation anbieten, aber öfter als Sie glauben, wenn Sie genau hinsehen.
Ich spreche hier wirklich aus Erfahrung. Erfahrungen kann ich Ihnen nicht übertragen und auch nicht abnehmen. Ich möchte Ihnen lediglich, wie schon erwähnt, bewußt machen, ins Gedächtnis rufen, was Sie vielleicht vergessen haben.
Wenn Sie sich Ihres Humors bewußt sind, dann gehen Sie doch einfach auf Entdeckungsreise! Wie? Ganz einfach!
Suchen Sie die humorvolle Seite an einer Sache, einer Situation. Entdecken Sie mit Ihrem Sinn für Humor das Augenzwinkern des Lebens. Probieren Sie es einfach aus, wenn Sie Lust dazu haben. Wenn Sie Humor haben, wird diese Übung auch gelingen.
Nehmen Sie sich wichtig, denn Sie sind einmalig und etwas ganz Besonderes! Aber nehmen Sie sich nicht so wichtig, daß Sie nicht mehr über sich selbst lachen können. Lachen Sie über sich selbst, anstatt sich zu ärgern. Verschwenden Sie nicht Ihre Energie, sondern bereichern Sie Ihren Kosmos damit!

Ich bin einmal in meinen Anfängen als Fernsehsprecherin mit dem Zug von Wien nach Klagenfurt gefahren, um dort auf einer Messe Autogramme zu geben. Ich war, wie gesagt, noch nicht lang »im Geschäft«, mächtig stolz auf meine neue Position und fest davon überzeugt, jeder, aber wirklich jeder, müßte mich jetzt kennen, war ich doch im Fernsehen! So weit, so gut.

Vis-à-vis von mir im Zugabteil saß ein Mann, der mich offensichtlich beobachtete. Ich war in ein Buch vertieft, aber doch nicht so sehr, daß ich seine Blicke nicht bemerkt hätte. Nach einiger Zeit sprach er mich an: »Entschuldigen Sie, das ist jetzt kein Trick von mir, um mit Ihnen anzubandeln, aber ich weiß genau, daß ich Sie kenne, aber es fällt mir nicht ein, woher!«

Ich lächelte huldvoll und vertiefte mich wieder in mein Buch. Nach einiger Zeit kam der zweite Anlauf meines Gegenübers: »Ich bin mir ganz sicher, daß ich Sie schon einmal gesehen habe. Wenn ich nur wüßte, wo!«

Na, wo schon, im Fernsehen, ist doch klar! Huldvolles Lächeln meinerseits. Ich war halt noch ziemlich jung und relativ blöd.

Knapp vor Wiener Neustadt packte den Mann dann endlich die Gewißheit: »Jetzt weiß ich, woher ich Sie kenne! Sie fahren jeden Samstag mit dem Zug von Wien nach Wiener Neustadt! Steigen Sie denn heute hier nicht aus?«

Eigentlich hätte ich damals, weil ja ziemlich jung und blöd, in meiner Eitelkeit stark verletzt und daher beleidigt sein müssen und – weil ja Auslöser für dieses Gefühl – böse auf mein Gegenüber. Gott sei Dank bin ich im Besitz des wunderbaren Geschenkes Humor, und daher ließ ich meinen Zugbegleiter daran teilhaben, indem ich sagte: »Nein, heute steige

ich hier nicht aus. Heute fahre ich ausnahmsweise bis Klagenfurt.« Der Mann verließ den Zug, und wenn ich mich richtig erinnere, habe ich noch bis zur nächsten Station über mich grinsen müssen.
Und heute noch, wenn irgendein aufgeblasener Mensch zu einem anderen, nicht aufgeblasenen sagt: »Ja wissen Sie denn nicht, mit wem Sie es zu tun haben?«, dann muß ich an diese Geschichte denken und sage im Geist zum Aufgeblasenen: »Herzerl, was du bist, ist eigentlich ziemlich Wurscht! Wie du bist, das ist letzten Endes entscheidend!« Ich hoffe, Sie geben mir recht.

Die heitere Seite in uns ist es, die dem Leben den gewissen Kick gibt. In Verbindung mit Liebe, Energie, Offenheit und der Fähigkeit, genau zu beobachten – erlernbar! – auch sich selbst, entsteht eine Farbe im Leben, die ich nicht mehr missen möchte; eine Lebensqualität besonderer Güte und von besonderer Intensität. Wenn Sie das erleben, werden Sie auch darauf nicht mehr verzichten wollen. Müssen Sie ja auch nicht.

Ein Leben ohne Humor! Wie langweilig muß das sein, und doch gibt es das. Ich nehme an, daß auch Sie Menschen kennen, die dieses göttliche Geschenk nicht besitzen. Nehmen wir, die Beschenkten, uns doch vor, diese Mitmenschen milder zu betrachten, auch wenn der Umgang mit ihnen mitunter sehr schwierig sein kann. Haben wir doch etwas, das wir genießen, hegen und pflegen dürfen. Etwas, das uns das Leben um vieles leichter macht als den anderen. Ich weiß das, Sie wissen es, und das genügt. Also freuen wir uns darüber und nehmen wir doch einfach

Humorlosigkeit von der humorvollen Seite. Es lohnt sich. Sie können es ja einmal ausprobieren, anstatt gleich zu sagen: »Mit humorlosen Menschen kann ich nichts anfangen!« Sie können es, seien Sie doch einfach humorvoll!
Helfen Sie den anderen über die Hürden, die Sie in leichten Sprüngen nehmen, während die anderen ungelenk darüber stolpern. Denn auch hier tritt wieder das ein, was ich schon mehrmals erwähnt habe: Die Freude des anderen über die ausgestreckte Hand kommt auch Ihnen zugute. Und das bedeutet – Sie wissen es schon – ein wunderbares Gefühl!
Jetzt werden Sie vielleicht sagen: »Humor ist nicht gleich Humor.« Stimmt! Humor, selbst eine Facette des Lebens, hat auch seine Facetten. Da gibt es zum Beispiel den schwarzen Humor, dann jenen Humor, der für ein bestimmtes Land spezifisch ist, also von der Mentalität und den Traditionen seiner Menschen geprägt ist. Und trotzdem: Im übergeordneten Sinn ist Humor international.
Wichtig scheint mir, daß wir Humor besitzen, egal, aus welchem Winkel der Erde wir kommen!

Ich war vor kurzem zum ersten Mal in San Francisco und vermutlich wie jeder, der diese Stadt zum ersten Mal erlebt, von ihr begeistert! Meine beiden Begleiter, zwei junge Freunde von mir, Michael und Karl, kannten die Stadt und hatten großen Spaß daran, mir ihr San Francisco zu zeigen.
Obwohl hundemüde nach einem doch recht langen Flug, marschierten wir vom Hotel aus zu Fisherman's Wharf. Das ist jener berühmte Hafen, der heute mit seinen vielen kleinen Geschäften, Fischrestaurants, Ausflugsbooten, Straßenkünstlern und

Museen zu den Sehenswürdigkeiten San Franciscos gehört.

Das bunte Treiben auf der Straße, die Vielfalt der Menschen, die sich aus den verschiedensten Ländern der Erde hier tummelten, meine Neugier auf alles, was es zu entdecken gab, ließen mich meine Müdigkeit vergessen, und ich spazierte vergnügt mit meinen beiden Boys durch das Getümmel.
Neben einem kleinen Fischrestaurant am Pier stand ein Schwarzer, etwa dreißig Jahre alt und nett anzusehen. Als wir drei an dem Mann vorbeigingen, sagte er:
»Change, please!« Kleingeld, bitte.
Nachdem ich aber genug Kleingeld hatte und mein Papiergeld nicht in schwere Münzen verwandeln wollte, lehnte ich das freundliche Angebot ebenso freundlich ab und sagte nur: »Thank you!« Worauf der Mann schallend zu lachen begann und meine beiden Freunde ebenfalls.
Ich aber konnte die Komik an der Situation nicht erkennen, bis Michael mich aufklärte: »Der Mann ist ein Bettler. Der wollte dir nicht Kleingeld anbieten, sondern es von dir haben!«
Ich habe aber diesen Mann nicht als Bettler gesehen und wollte mich nur für das scheinbare Angebot bedanken!

Was mir an dieser Geschichte gefällt, ist nicht meine Naivität, sondern die Reaktion des Bettlers, sein Humor. Er konnte sich über meine Antwort köstlich amüsieren! Er hatte nichts, bekam auch von mir nichts, aber er hatte Humor. Zum Glück, denn meine Arglosigkeit hätte von ihm auch durchaus als

Provokation empfunden werden können, und dann hätte er wahrscheinlich anders reagiert.
Er aber besaß das göttliche Geschenk, und das machte ihn menschlich reicher als vermutlich den humorlosesten Krösus. Obwohl ich glaube, daß diesem Mann in seiner Situation der umgekehrte Fall lieber gewesen wäre.

Ganz nebenbei sehe ich diese Geschichte auch als gutes Beispiel dafür, Erwartungshaltung nicht zu kultivieren. Der Bettler aus San Francisco hat sich nichts erwartet und war daher auch nicht enttäuscht oder gar böse. Ich habe zwar nicht mit dem Mann gesprochen, aber ich denke mir, daß er trotz all seiner Armut ein positiver Mensch ist.
Übrigens: Reich kann man werden. Humor hat man oder hat man nicht.

Finden Sie nicht auch, daß Humor zu den wichtigsten Dingen im Leben gehört?

HUMOR

- ☺ Über sich selbst lachen, anstatt sich zu ärgern!
- ☺ Die humorvolle Seite an einer Sache oder Situation erkennen lernen.
- ☺ Milde gegenüber humorlosen Mitmenschen.
- ☺ Humor pflegen, damit er nicht verkümmert.
- ☺ Und wie immer: Übungen und persönliche Liste nicht vergessen!

Wer nichts weiß, liebt nichts.
Wer nichts tun kann, versteht nichts.
Wer nichts versteht, ist nichts wert.
Aber wer versteht, der liebt, bemerkt und sieht auch ...
Je mehr Erkenntnis einem Ding innewohnt,
desto größer ist die Liebe ...
Wer meint, alle Früchte würden gleichzeitig
mit den Erdbeeren reif,
versteht nichts von den Trauben.

Paracelsus

UNTER UNS GESAGT

♀

Bis zu diesem Punkt ist alles, was ich aufgeschrieben habe, sozusagen geschlechts- und alterslos. Das heißt, alle meine Anregungen sind sowohl für Sie, falls Sie eine Frau sind, oder für Sie, falls Sie ein Mann sind, gedacht, egal auch welchen Jahrgangs Sie sind. Was ich bis jetzt als Denkanstoß aufgeschrieben habe, kann für Sie hilfreich sein, falls Sie Lust dazu haben, Ihre Person zu erforschen und damit sich selbst besser kennenzulernen; nützlich und anregend, falls Sie einen möglichen Weg der Öffnung nach außen suchen, Unbewußtes bewußt erleben wollen, neugierig genug auf sich selbst sind, um die phantastische Reise in Ihren ureigenen Kosmos anzutreten. Und damit kann jeder Mensch jederzeit beginnen. Es ist nie zu spät und auch nie zu früh. Schon deshalb nicht, weil diese Reise ja dazu dienen soll, sich selbst zu erkennen und zu lieben. Dadurch wird es überhaupt möglich, Liebe zu verbreiten und somit eine Atmosphäre friedlicher menschlicher Interaktion zu schaffen, die jedem einzelnen zugute kommt. Das ist der erste Schritt zu einem harmonischeren Miteinander und ein möglicher Weg zu mehr Frieden auf dieser Welt. Das mag vielleicht ein naive Vorstellung von mir sein, aber einen Versuch wäre es immerhin wert. Und auf alle Fälle ist es bis zur möglichen Erfüllung meiner Vorstellung doch zumindest eine wunderschöne Vision, finden Sie nicht?

Ab jetzt, also genau von diesem Moment an, werden meine Zeilen spezifischer. Ich will die folgenden Seiten den »Um-und-Über-Fünfzigjährigen« widmen, meinen gleichaltrigen Gefährtinnen, wo immer sie sich auch befinden mögen.
Das soll aber nicht heißen, daß Sie, mein Herr, dieses Buch jetzt zuklappen müssen, weil Sie meinen, daß Sie das Folgende nichts mehr angeht. Es geht Sie etwas an, falls Sie ein Ehemann sind, eine Lebenspartnerin haben oder falls Sie Ihre Mutter oder Schwester besser verstehen wollen oder vielleicht uns Frauen im allgemeinen. Und es geht Sie, junge Dame, schon deshalb etwas an, weil Sie vermutlich doch auch die Absicht haben, älter zu werden. Und wenn Sie vielleicht auch nur mit Distanz, gewissermaßen wie im Kino – erste Reihe fußfrei –, die folgenden Zeilen betrachten, so könnte es ja sein, daß Sie das eine oder andere für sich mitnehmen können. Vielleicht auch nur, um es fürs erste in einer Schublade verschwinden zu lassen, um es dann, bei Bedarf, wieder hervorzuholen. Ziehen Sie also keine voreiligen Schlüsse, wenn ich sage: »Jetzt rede ich über uns! Über die Um-und-Über-Fünfzigjährigen!«

Ich spreche hier stellvertretend für viele Frauen meines Alters, mit denen ich lange Gespräche geführt habe, und meine persönlichen Recherchen, meine persönliche Statistik zeigen mir, daß es sehr wohl einige Themen gibt, die meine Generation besonders bewegen.

Was zum Beispiel in bezug auf die Wechseljahre auch logisch ist, denn mit zwanzig ist einem das ziemlich Wurscht. Und so schreibe ich natürlich, meinem Alter gemäß, über Dinge, die jetzt in meinem Leben am frischesten sind. Es wird Ihnen wahrscheinlich auch richtiger vorkommen, wenn ich mit fünfzig über das Klimakterium schreibe anstatt über die Pubertät, die erste Menstruation usw. Ein solches Buch hätte ich vor fünfunddreißig Jahren schreiben können.

Das Klimakterium! Die Wechseljahre! Gestern tabu – heute ein Thema!
Hätte man vor vierzig Jahren darüber nicht geschwiegen, hätten sich vor vierzig Jahren die Mediziner mehr mit diesem natürlichen Prozeß beschäftigt, dann hätte vielleicht meine Mutter nicht an Osteoporose zu leiden und mit ihr Millionen anderer Frauen.
Da aber die Menschen mittlerweile im Durchschnitt älter werden als noch vor vierzig Jahren, findet heute die hormonelle Umstellung im Körper der Frau nicht mehr gegen Ende des Lebens, sondern nahezu in der Mitte des Lebens statt. Man kann diesen Prozeß, diese Umstellung also noch voll miterleben und auch das »Danach« genießen. Genießen schon deshalb, weil das Klimakterium plötzlich ein Thema, ein Wirtschaftsfaktor, geworden ist. Und das bedeutet, daß allmählich alle erdenklichen Erleichterungen für die Wechseljahre angeboten werden. Ein neuer Markt wurde erschlossen. Natürlich vorwiegend von Männern!
Soll sein. Machen wir uns das zunutze. Das Beste ist gerade gut genug für uns.

Näher möchte ich im Moment auf diese zweischneidige Angelegenheit nicht eingehen, sonst gerate ich in eine Richtung, in die ich vorerst nicht gehen will. Zuerst sind wir Frauen dran, über die Männer rede ich später!

Eines sollten Sie sich immer vor Augen halten: Das Klimakterium ist keine Krankheit. Genausowenig wie Pubertät, Menstruation und Geburt Krankheiten sind.
Egal, wie Sie sich fühlen, und das kann mitunter ganz schön mies sein: Sie sind nicht krank, Sie sind nicht minderwertig, und Sie sind auch nicht weniger Frau als vorher. Ich betone das nicht von ungefähr: Ich habe von vielen Frauen derartiges zu hören bekommen.
Wenn Sie mit sich im Einklang sind, wenn Sie sich akzeptieren, sich lieben, dann werden negative Gefühle keinen Platz in Ihrem Kosmos finden. Negatives hat dort einfach keine Überlebenschance. Vergessen Sie das nicht!

Als bei mir die Wechseljahre begannen, und das war ziemlich früh, so um die vierzig, habe ich das zunächst nur sehr peripher wahrgenommen. Als dann meine Blutungen ausblieben und mir mein Arzt den Beginn des Klimakteriums bestätigte, da war – so muß ich ehrlich sagen – meine Freude riesengroß! Mein Gynäkologe, der mich lange kennt, hatte dafür volles Verständnis und hielt mich keineswegs für übergeschnappt.
Aber was war denn für mich an der neuen Situation, an der hormonellen Umstellung, vor der sich viele Frauen fürchten, so erfreulich?

Erstens: Ich hatte immer sehr starke Blutungen, die mir oft Urlaube und Studienreisen verdarben, bei wichtigen Auftritten auf der Bühne oder vor der Kamera noch stärker wurden oder plötzlich aus heiterem Himmel einfach »passierten«. Die Pille vertrug ich damals nicht, genaues Timing war also nicht möglich.
Zweitens: Ich konnte endlich vergessen, an Verhütung zu denken. Kondome kamen in meiner Jugend einfach für mich nicht in Frage und für viele andere Zeitgenossen auch nicht. Heute, in Zeiten von Aids, halte ich sie für lebenswichtig, vor allem, wenn man eine neue Beziehung eingeht, und drittens: Ich mußte nicht mehr immer und überall für alle Fälle gerüstet sein. Ich denke noch mit Schaudern an meine Chinareise, bei der ich Unmengen von Tampons und Binden im Gepäck hatte, weil es diese Dinge in China damals nicht zu kaufen gab und ich nicht wußte, wann mich meine Periode überraschen würde, und ich diesbezüglich natürlich nichts dem Zufall überlassen wollte.

All das waren für mich keine Nebensächlichkeiten, sondern durchaus, über viele Jahre, ziemlich lästige Faktoren in meinem Leben, einmal abgesehen von den Beschwerden, die meine »Tage« auch vehement begleiteten. Sind diese »Tage« beendet, ein für allemal, hat man einige Sorgen weniger.

Natürlich hatte ich am Beginn der hormonellen Umstellung die dafür typischen schweißtriefenden Nächte und am Tage die sogenannten Wallungen! Aber dagegen ist ein Kraut gewachsen! Egal, ob Sie sich für die Homöopathie oder für die Chemie entscheiden, versäumen Sie es in keinem Fall, Ihren Hormonstatus feststellen zu lassen. Beraten Sie sich mit Ihrem Arzt, auch mit mehreren, wenn es sein muß und Sie unsicher sind, und fragen Sie, fragen Sie so lange, bis Sie befriedigende Antworten auf Ihre Fragen bekommen. Es geht schließlich um Ihren Körper und Ihr Wohlbefinden! Informieren Sie sich, wann und wo immer Sie können, über die Zusammenhänge in Ihrem Körper. Reden Sie mit Ihren Freundinnen offen über Ihre Erfahrungen, und hören Sie zu, was die anderen zu sagen haben. Sie wissen ja, im Gespräch erhält man oft sehr nützliche, praxiserprobte Hinweise, gewissermaßen Ideen und Anregungen aus persönlichen Trickkisten.

Hören Sie auf Ihren Körper!
Wenn Sie mit sich im Einklang sind, dann sagt er Ihnen auch präzise, was er will, was ihm guttut und was nicht.
Zweifeln Sie niemals an Ihrer inneren Stimme!
Und verwöhnen Sie sich mit den Hilfen, die Ihnen die Medizin im umfassendsten Sinn anbietet.

Nicht jedes Klimakterium wird so relativ problemlos verlaufen wie in meinem Fall, das ist mir schon klar. Aber es wäre durchaus möglich. Auch bei Ihnen! Ich glaube nämlich, daß die ehrliche innere Einstellung zu sich selbst von erheblicher Wirkung auf die chemischen Vorgänge in unserem Körper ist. Wer aber, wie zum Beispiel eine liebe Freundin von mir, von schweren Depressionen geplagt wird, der sollte sich unverzüglich in die Hände von Fachleuten begeben, denn auch da kann geholfen werden.

Lassen Sie sich nicht als hysterisch abstempeln. Kümmern Sie sich nur um sich selbst, und lassen Sie nicht zu, daß Sie leiden müssen. Was Sie nicht wollen, das sollen Sie auch nicht ertragen müssen. Das gilt übrigens für alle Bereiche des Lebens. Ich habe schon darüber zu Ihnen gesprochen. Erinnern Sie sich? Sie sagen, was Sie nicht wollen, und sagen auch, was Sie mögen! Sie bestimmen, wie es Ihnen geht! Denken Sie immer wieder daran!

Wie ich schon sagte, für mich hatte die Ankündigung der Wechseljahre durchaus etwas Erfreuliches und Positives an sich. Mittlerweile glaube ich, daß ich sie fast hinter mir habe, und habe mich selten so wohl gefühlt wie jetzt. Auch aus den schon erwähnten Gründen!
Ich bin auch nicht über Nacht verschrumpelt oder um dreißig Kilo schwerer geworden! Ich sehe mich auch nicht als Außenseiter der Gesellschaft, weil ich keine Kinder mehr produzieren kann. Na und? Jetzt sind eben die anderen dran! Ich möchte mein Leben unbeschwert genießen und meine Person mehr und mehr in den Mittelpunkt meiner Interessen stellen. Kurz und gut: Jetzt bin ich mal dran – und dann erst die anderen.
Vielleicht empfinden Sie das so ähnlich! Ihre Kinder sind aus dem Haus, das Leben ist einigermaßen geregelt, die Finanzen sind überschaubar, der Ehemann oder Lebenspartner ist in angenehmer Reichweite oder, weil für Sie angenehmer, vielleicht auf Distanz. Jetzt ist die Zeit, Ihre Bedürfnisse und Wünsche in den Mittelpunkt zu stellen. Störenfriede bleiben draußen! Denn so viel dürfen Sie mir glauben: Jetzt sind Sie in einem köstlichen Alter! Sie

haben Zeit und Gelegenheit, auf sich zu schauen, sich zu pflegen, in Ihrem Kosmos auf Ordnung zu achten. Sie haben viel Erfahrung, nehmen sich nicht todernst, stehen über den Dingen und wissen vor allem um die Wertigkeiten im Leben.

Wenn Sie sich diese Dinge vor Augen halten, dann können Sie diesen Lebensabschnitt wahrlich genießen, egal welche Form von Jugendwahn gerade wieder einmal propagiert wird. Lassen Sie sich nicht aus Ihrer Mitte bringen! Seien Sie stolz auf sich, auf Ihr Aussehen und auf Ihre persönlichen Errungenschaften. Sie wissen, was Sie wert sind, was Sie geleistet haben, und das wissen auch alle, die Sie lieben und die von Ihnen geliebt werden.
Hier würde sich wieder ein kleiner Schwenk zu den Männern anbieten, aber ihnen will ich doch ein paar Extraseiten zum Thema »Reife Frauen« widmen.
Und reif, das sind wir, die Um-und-Über-Fünfzigjährigen! Das ist keine Schande, kein Schimpfwort, sondern etwas Köstliches, Lustvolles. Denken Sie nur an den Duft reifer Früchte! Na eben!

Natürlich verändert sich unser Körper im Laufe der Jahre – übrigens auch der der Männer! Das ist nur natürlich! Älterwerden ist ein natürlicher Prozeß! Allerdings – und das ist ein Teil des herrschenden Zeitgeistes: Wir Menschen wollen zwar möglichst hundert Jahre alt werden, aber man soll es uns nicht ansehen.
Eine ganze Industrie ist damit beschäftigt, diesen Wunsch zu verwirklichen.
Einiges kann man auch selbst dazu beitragen, um das

Gefäß der Seele, den Körper, in einem möglichst ansehnlichen Zustand zu erhalten.

Gerade die Wechseljahre – und auch das finde ich daran positiv – geben uns einen deutlichen Wink, zeigen uns eine Veränderung, auf die wir reagieren können, wenn wir das nur wollen.
Habe ich bis zum Beginn des Klimakteriums relativ unbekümmert bei Tisch zugelangt und auch zwischendurch genascht, so zeigt mir mein Körper jetzt, daß ich diese Gewohnheiten ändern sollte. Denn auch ich habe einige Kilos zugelegt, weil sich der Stoffwechsel verändert, ja verlangsamt hat.
Also ist eine Reaktion angesagt!

Ich für meinen Teil habe mir das Fasten ausgesucht. Beim ersten Mal unter ärztlicher Aufsicht, versteht sich. Es ist meine Antwort auf die Frage meines Körpers, was ich gegen überschüssige Kilos zu tun gedenke. Mit dem Fasten erreiche ich einen dreifachen Effekt: Mein Körper wird von innen gereinigt, mein Gewicht reduziert sich, und meine Sinne werden dadurch geschärft, was einen besonders klaren Blick nach innen erlaubt. Die Haut wird straffer, die Haare glänzender, die Nägel wachsen schneller. Auch sämtliche Verspannungen im Nacken- und Rückenbereich verschwinden mit zunehmender Entschlackung.
Ich fühle mich unglaublich wohl und bin voller Energie!
Mit dreißig Jahren wäre ich nie auf die Idee gekommen, drei Wochen lang zu fasten. Wozu auch? Die Haut war glatt, die Kilos hielten sich in Grenzen. Hatte ich einmal zuviel gefuttert, war das nach

einem Tag mit weniger Essen wieder in Ordnung. Erst das Klimakterium setzte die Signale, die mich zum Fasten brachten und damit zu einer spirituellen Erfahrung – einmal abgesehen von den angenehmen Nebeneffekten –, die ich mit dreißig vermutlich gar nicht zu schätzen gewußt hätte.

Mittlerweile betreibe ich das seit einigen Jahren, weil ich mich mit dieser Form der Kontrolle über meinen Körper am wohlsten fühle. Vorzugsweise beginne ich mit dem Fasten in der ersten Januarwoche, nach all den Festivitäten und lukullischen Genüssen. Das gesamte Programm nimmt meist sechs Wochen in Anspruch, und im Frühling bin ich dann wieder in Hochform. Außerdem eignen sich nebelverhangene, kuschelige Wintertage sehr gut für einen Rückzug nach innen.
Ich faste nach Dr. Buchinger, und falls Sie daran Interesse haben, kann Ihnen jeder erfahrene Arzt mehr darüber sagen. Falls Sie sich auch für die Form des Fastens entscheiden, sollten Sie das keineswegs im Alleingang versuchen, sondern unbedingt unter ärztlicher Aufsicht. Wenn Sie einmal genügend Erfahrung damit haben, dann können Sie auch alleine fasten. Wichtig ist, daß Sie aber, bevor Sie damit beginnen, sich von Ihrem Arzt beraten lassen, ob der von Ihnen gewählte Zeitpunkt körperlich und seelisch günstig ist.

Wie auch immer: Falls Sie Lust dazu haben, der Zeitpunkt günstig ist, dann nehmen Sie sich viel Zeit, denn wie gesagt, der gesamte Ablauf kann sechs Wochen dauern. Das Fasten ist eine Angelegenheit von maximal drei Wochen, und einige Ärzte plädie-

ren für einen ebenso langen Aufbau, das ist die Einschulung auf das »normale« Essen. Eine andere Regel besagt, daß man mindestens ein Drittel der Fastenzeit auch für den Aufbau verwenden soll.
Das ist vermutlich Ansichtssache, sollte aber mit Ihrem Arzt geklärt werden.

Wählen Sie für Ihr Fastenprogramm am besten einen Zeitraum, der weniger hektisch ist als normalerweise. Wählen Sie einen Zeitraum, der es Ihnen erlaubt, sich kommentarlos zurückzuziehen. Sowohl äußerlich als auch innerlich. Vielleicht sogar in Form eines Urlaubs, falls Ihnen das möglich ist. Es gibt mittlerweile in ganz Europa die verschiedensten Kurzentren, in denen auch Fastenkuren durchgeführt werden. Lassen Sie sich verwöhnen! Auch in diesem Fall gilt wieder: Was auch immer Sie tun, wie auch immer Sie sich entscheiden – Sie sollen sich dabei wohl fühlen. Das ist alles, was zählt!

Ich habe im Laufe der Jahre bemerkt – und es passiert immer wieder in schöner Regelmäßigkeit –, daß ich in der Zeit meines Fastens verstärkt in ernährungswissenschaftlichen Büchern und gesundheitsbewußten Kochbüchern schmökere. Das würde ich normalerweise in diesem verstärkten Ausmaß nicht tun, und so entdecke ich auch diesbezüglich während des Fastens immer wieder etwas Neues.
Auch mein Bedürfnis nach Meditation und Kontemplation wird stärker.
All das sind Dinge, die mich bereichern und mir gut tun, und somit empfinde ich sie als positive und wichtige Entdeckungen im Rahmen meiner hormonellen Veränderung.

Und damit kein Irrtum entsteht: Fasten ist nicht Hungern! Hungern ist Entbehrung, Verzicht, und das wird man sich, wenn man sich liebt, nicht antun.

Abgesehen davon, wie vernünftig ich mich im allgemeinen ernähre, so glauben Sie bitte nicht, daß ich nicht auch ordentlich sündigen kann! Ich bin nämlich sehr wohl im Stande, auf einen Sitz eine Tafel Schokolade zu verdrücken, und auch eine Familienpackung Eiscreme schaffe ich im Handumdrehen. Und mit Genuß! Ich bin nämlich der Meinung, daß Entbehrung zu Frust führt, und Frust macht Falten. Damit mein Hang zu Süßigkeiten nicht ausufert, erlaube ich mir einmal in der Woche eine derartige Völlerei. Mit Genuß und ohne Reue. Damit habe ich die Angelegenheit unter Kontrolle. Ich habe mein sogenanntes Laster im Griff und nicht umgekehrt. Sie erinnern sich: Sie entscheiden, wie Sie sich fühlen, und sonst niemand!

Wie man sich fühlt, das drückt sich im Gesicht, in der gesamten Erscheinung aus. Und wenn Sie sich wohl fühlen, werden Sie auch weniger »böse« und viel mehr »gute« Falten in Ihrem Gesicht entdecken. Jene Falten, die Ihrem Gesicht bis ins hohe Alter einen freundlichen Ausdruck verleihen. Ich habe das schon eingangs erwähnt. Falls Sie aber schon Falten haben, die Sie nicht mögen, auch dem kann abgeholfen werden. Es bleibt ganz Ihnen überlassen, ob Sie sich für ein sanftes Lifting entscheiden oder sich sonst irgendeiner anderen schönheitschirurgischen Maßnahme unterziehen.
Ob Collagenspritzen, Fruchtsäuren oder was es sonst noch alles gibt – das Angebot ist groß, Sie

sollten sich immer sehr gründlich darüber informieren, wenn Sie diesen Weg gehen wollen.

Seien Sie neugierig und kritisch, reden Sie mit jenen, die schon Erfahrungen gesammelt haben, und gehen Sie nur zu den besten Fachleuten, auch wenn es teuer ist. Sparen Sie hier nicht am falschen Platz. Wenn Ihnen leid ums Geld ist, dann lassen Sie es besser sein.
Wenn Sie sich aber für Derartiges nicht begeistern können, so werden Sie vielleicht mit Sport, ausgedehnten Spaziergängen, Schwimmen, Gymnastik und Besuchen bei der Kosmetikerin Ihr angestrebtes Ziel erreichen. Lassen Sie sich in jedem Fall von Fachleuten beraten, und hören Sie nicht auf irgendwelche Ratschläge. Es ist egal, was Sie tun: Sie sollten sich dabei wohl fühlen! Denn damit haben Sie bereits den Weg zum Ziel eingeschlagen.

Ich habe die Erfahrung gemacht, speziell nach meinem Fasten, daß man mich gefragt hat, ob ich frisch geliftet sei. Also bis jetzt noch nicht, aber wer weiß, eines Tages vielleicht?
Es ist wirklich egal, was man auf solche Fragen antwortet; ob geliftet oder nicht: Es gibt immer Gerede, egal, ob Sie wunderbar aussehen oder im Moment eben nicht. Sehen Sie nämlich wunderbar aus, weil Sie sich wohl fühlen und in Ihrer Mitte sind, so läßt es die Neidgenossenschaft nicht gelten, daß dies ein natürlich erworbener Zustand ist. Sehen Sie vielleicht einmal etwas angegriffener aus, aus welchen Gründen auch immer, so findet eben dieselbe Gesellschaft mit Sicherheit, daß es langsam an der Zeit für Sie wäre, dagegen etwas zu tun.

Kümmern Sie sich nicht um das Geplapper! Tun Sie das, wozu Sie Lust haben, und wenn es eine Schönheitsoperation ist! Das ist weder verboten noch verpönt. Es ist eine Errungenschaft des ausgehenden 20. Jahrhunderts. Bedenken Sie, vor hundert Jahren waren Schminken und Haarefärben mindestens ebenso heiß umstritten wie heute die verschiedensten Schönheitskorrekturen.
Und dann gibt es ja noch die Kosmetikindustrie, die auch eine beachtliche Rolle spielt. Vor allem für unsere Haut! Denn die ist mittlerweile ganz schön wählerisch und läßt nicht jede Creme an sich ran! Auch hier heißt es wieder: Lassen Sie sich von Fachleuten beraten! Und auch hier gilt: Billig kann teuer werden! Es gibt aber auch sogenannte Naturprodukte, wie zum Beispiel Rosenöl oder Olivenöl, die im Badewasser wahre Wunder gegen zu trockene Haut vollbringen. Falls Sie sich für Naturkosmetik interessieren, so wird Ihnen zum Beispiel jeder gute Buchhändler Auskunft über entsprechende Literatur geben, oder Ihre Kosmetikerin weiß ohnehin Bescheid.

Wenn Sie also, mit welchen der aufgezählten Methoden auch immer, Ihren Körper in Ordnung halten, so wie Sie sich das vorstellen, und dabei ein angenehmes Gefühl haben, dann haben Sie verstanden, was die Wechseljahre Ihnen sagen wollen: Schlüpfen Sie bewußt und genußvoll in eine neue Haut, in ein neues Kleid. »Wechseln« Sie die Hülle! Machen Sie sich fein für ein neues, spannendes Kapitel in Ihrem Leben.

Vergessen Sie nicht: Jetzt sind Sie dran! Stellen Sie

Ihre Bedürfnisse in den Mittelpunkt Ihres Interesses. Befriedigen Sie Ihre Bedürfnisse, dann geht es Ihnen gut und damit auch Ihren Mitgeschöpfen, denn wie Sie sich fühlen, das strahlen Sie auch aus, das findet ein Echo und kommt schließlich auch wieder Ihnen zugute. Die Energie fließt!

Und wenn es der Fall sein sollte, daß Ihre Bedürfnisse einen neuen Anfang erforderlich machen, der auch für Sie in jeder Hinsicht durchführbar ist, so zögern Sie nicht, auch diesen Schritt zu tun. Jetzt ist der Moment – er kommt nicht wieder. Jetzt sind Sie in der Mitte Ihres Lebens, haben noch die nötige Energie, durchzustarten und sich neu zu orientieren. Horchen Sie in sich hinein, erkennen Sie, was Sie wirklich wollen mit allen Fasern Ihres Seins. Beleuchten Sie jeden Winkel Ihres persönlichen Kosmos und überprüfen Sie mit Akribie und Ausdauer, ob das, was Sie wollen, tatsächlich das ist, was Sie wirklich wollen. Nicht von Frust, Unzufriedenheit und Unsicherheit mögen Ihre Entscheidungen geprägt sein, sondern von Liebe, Freude, Lust, Zuversicht, Selbstsicherheit und Neugier auf das Leben.
Und vergessen Sie niemals: Nur das Beste ist für Sie gut genug! Streben Sie es an, und zwar in allen Bereichen. Sie haben es verdient!

Die Zeiten, in denen wir uns nur Flohmarktfummel leisten konnten und darin auch hinreißend aussahen, sind vorbei. Auch diese Zeiten haben wir genossen! Jetzt können wir uns an mehr Abwechslung erfreuen, und das in vieler Hinsicht.
Sie bestimmen, was Ihnen Spaß macht. Und wenn Ihnen etwas keinen Spaß, keine Freude macht, dann

lassen Sie's! Verschwenden Sie nicht Ihre Zeit mit Dingen, die keine Freude machen, ja womöglich sogar noch lästig sind. Verbringen Sie Ihre Zeit nicht mit Menschen, die Ihnen nichts zu sagen haben. Sie dürfen wählerisch sein, Ihre Freundschaften pflegen, Ihren Umgang bewußt wählen. Denn Sie wissen: Ihre Zeit ist kostbar! Vergeudete Zeit ist vergeudete Energie. Und Sie wollen ja Ihre Energie sinnvoll einsetzen, damit sie fließen kann und sich in noch mehr Energie verwandelt. Und nochmals: Vergessen Sie nicht, Sie sind einmalig, etwas Besonderes, und verdienen nur das Beste!

Richten Sie sich auch weiterhin danach. Denn die Behutsamkeit und Sorgfalt, mit der Sie mit sich selbst umgehen, wird Ihnen automatisch auch von anderen zuteil. Probieren Sie es aus! Sie werden erleben, wie stark Sie das ausstrahlen, was Sie für sich selbst empfinden, und wie stark das zurückstrahlt. Und das hat letzten Endes wieder mit dem zu tun, was ich für das Wichtigste in Leben halte: mit Liebe. Denn damit hat alles begonnen. Auch in meinem Buch.

♀

Die folgenden Zeilen sind für Sie gedacht, falls Sie der Ansicht sind, ich hätte gut reden, weil ich ja in der Öffentlichkeit stünde und es dadurch leichter hätte.
Dazu will ich Ihnen am Ende dieses Kapitels noch ganz kurz etwas sagen:
Erstens: Sie haben recht!

Zweitens: Sie haben nicht recht! Für mich ist alles noch viel anstrengender.
Was das zu bedeuten hat?
Einerseits ist vieles für mich deshalb »leichter«, weil ich mich mehr disziplinieren muß. Viele Augen sind auf mich gerichtet. Viele kritische Blicke sind zu parieren. Was rein äußerlich bedeutet, daß ich natürlich nicht mit ausgefranstem Nagellack herumgehe, um nur ein simples Beispiel zu nennen.
Wer in der Öffentlichkeit steht, läßt sich in dieser im allgemeinen nicht gehen. Und so entstand mit der Zeit durch diesen mehr oder weniger sanften Druck von außen die Gewohnheit, mehr, als allgemein üblich ist, auf mich selbst zu achten. Der sorgfältige Umgang mit mir selbst ist Alltag geworden.
Andererseits ist das eben aus diesen Gründen auch viel anstrengender. Um beim Nagellack zu bleiben – ich weiß, es ist banal, aber dieses Beispiel zeigt, was ich meine –: Auch wenn es nach Mitternacht ist und ich hundemüde bin, so bringe ich meine Fingernägel noch in Ordnung, wenn ich am nächsten Tag »raus« muß. Und das muß ich ja fast immer. Dieses, wie gesagt, banale Beispiel läßt sich auf verschiedene Ebenen projizieren, und das überlasse ich Ihrer Phantasie.
Als Ausgleich für meine geballte Disziplin gönne ich mir allerdings meine sogenannten Lottertage. Meistens findet so ein Tag am Sonntag statt. Je nachdem. Da putze ich mir lediglich nur die Zähne und rumore einen Tag lang in meinem Haus so vor mich hin, im Bademantel oder im Kaftan, je nach Jahreszeit und auch Laune. Ich lasse mich durch den Tag treiben und mache nur das, wozu ich gerade Lust habe, und das kann auch Nichtstun sein. Mein »dolce far niente«!

Sie sehen also, kein Vorteil ohne Nachteil. Aber auch das gehört zum Leben, macht es spannend, abwechslungsreich und läßt uns kritisch, neugierig und wach bleiben. Und das wollen wir doch alle! Na eben!

Was in meinem Fall die Öffentlichkeit bewirkt, das können Sie auch allein für sich selbst erreichen. Fordern Sie sich selbst und stellen Sie Ansprüche an sich selbst. Stecken Sie die Latte für sich selbst so hoch, wie Sie das auch bei anderen tun. Disziplin führt zu noch mehr Disziplin und bringt in der Folge auch die gewünschte Anerkennung von außen. Dadurch entsteht wiederum mehr Selbstsicherheit und Zufriedenheit. Und darum werden Sie vermutlich einige Menschen beneiden. Lassen Sie das ruhig zu. Auch das ist eine Form von Anerkennung!
Aber die größte Belohnung für Ihre Arbeit an sich selbst, sowohl innerlich als auch äußerlich, beschert Ihnen der Spiegel, weil Sie in ein strahlendes, von Liebe und Energie erfülltes Gesicht schauen dürfen. Das haben Sie geleistet, das ist Ihr Verdienst, das haben Sie sich selbst geschenkt!

Freuen Sie sich jeden Tag darüber, und Sie werden erleben, wie positiv Ihre Umwelt auf Ihre Ausstrahlung reagiert. Ein tolles Gefühl! Ich kann das gar nicht oft genug betonen!

UNTER UNS GESAGT

- ♀ Das Klimakterium ist keine Krankheit, und ich bin deshalb auch nicht »weniger Frau«! Es ist eine Chance, sich neu zu orientieren.
- ♀ Ich lasse mich nur von Fachleuten beraten, interessiere mich aber auch für die bereits gemachten Erfahrungen anderer Frauen.
- ♀ Mit meinem Arzt oder auch mehreren Ärzten bespreche ich ausführlich, welche Möglichkeiten es gibt, die Wechseljahre so angenehm wie möglich zu verbringen.
- ♀ Ich höre auf meinen Körper.
- ♀ Ich achte verstärkt auf mein Äußeres, um vor allem mir selbst zu gefallen.
- ♀ Ich lasse mich verwöhnen und verwöhne mich selbst.
- ♀ Übungen, laut: Ich bin in einem wunderbaren Alter!
- ♀ Ich kann es mir leisten, wählerisch zu sein!
- ♀ Das Beste ist gerade gut genug für mich!

Dem Manne kann geholfen werden.

Karl Moor in Schillers »Die Räuber« 5/2

MÄNNER usw.

♂

»Der Mann hat ja nur zwei Traumen: Erstens möchte er ewig leben und zweitens ewig potent sein. Unter dieser Blödheit leiden nicht nur die Frauen, sondern vor allem die Nashörner, weil ja der Irrglaube existiert, daß im Nashornhorn ein potenzsteigerndes Mittel ist.«
Also sprach Verhaltensforscher Prof. Antal Festetics anläßlich eines Interviews auf meine Frage nach den Ängsten der Männer.
Dabei habe ich für mich festgestellt, daß der Wunsch der Männer nach ewigem Leben für mich neu war. Was den Wunsch nach ewiger Potenz betrifft und seine Auswirkungen auf Frauen und Nashörner, so möchte ich, trotz meiner großen Tierliebe, das Dilemma in Hinblick auf die Frauen untersuchen, wobei natürlich der Mann im Mittelpunkt meiner Betrachtungen steht. Und da gibt es schon einiges zu betrachten!
Zumal sich der Blickwinkel der Um-und-Über-Fünfzigjährigen doch sehr wesentlich von dem jüngerer Jahrgänge unterscheidet. Die Beurteilung des männlichen Verhaltens erhält ein anderes Gewicht und eine andere Wertigkeit. Deshalb fällt es mir leicht, ohne Aggression über Männer zu reden, obwohl auch in meinem Leben die Begegnungen mit

dem anderen Geschlecht nicht immer ungetrübter Natur waren. Eine Scheidung und einige gescheiterte Beziehungen gehören ebenso zu meinem Erfahrungsschatz wie die manchmal unglaublichen Beobachtungen und Erzählungen von Freundinnen und Freunden.
Trotzdem: Der Kampf der Geschlechter wird durch mein Buch keine weitere Munition erhalten. Es genügt, daß er stattfindet, und das ist nicht zu leugnen, genauso wenig wie die Tatsache, daß wir in einer Männerwelt leben und das schon ziemlich lang. Ich glaube, daran wird sich auch so bald nichts ändern, obwohl ansatzweise sehr viel geschieht und auch bereits geschehen ist, um mehr Ausgewogenheit und soziale Gerechtigkeit zu erreichen. Aber zum Ziel ist noch ein weiter Weg!
In diesem speziellen Kapitel werde ich mich mit Fakten beschäftigen, soweit sie mir bekannt sind oder soweit ich sie erkennen kann.

Die Tatsache, daß sich der Mann im allgemeinen ständig vor Impotenz fürchtet, ist für mich ein Grund, die Spezies Mann vorerst mit milden Augen zu betrachten.

Stellen Sie sich vor: Neben all den Problemen, die Angehörige beiderlei Geschlechts tagtäglich zu bewältigen haben, neben all den Dingen, an die zu denken ist, neben all dem, was erfolgreich erledigt werden muß usw., neben all diesen Dingen muß ausschließlich der Mann auch noch mit einer großen sexuellen Belastung fertig werden: »Kann ich mich, wenn's darauf ankommt, auf meinen Liebesdiener verlassen?«

Versetzen wir uns als Frau einmal in die Situation, etwas zustande bringen zu müssen, was man eigentlich nicht beeinflussen kann, was einmal funktioniert, ein anderes Mal nicht!
Als Frau ist man dem nicht ausgesetzt und hat damit ein Problem weniger. Ich glaube auch, daß diese Potenzangst der Männer eine der Ursachen für den Kampf der Geschlechter ist.
Wie ich dazu komme, etwas Derartiges zu behaupten? Ganz einfach und ohne Anspruch auf wissenschaftliche Gültigkeit: Die Frau als »Objekt der Begierde« weckt im Mann eine Lust, die er gerne befriedigen würde. Schafft er das nicht, weil sein Liebesdiener nicht mitspielt, bleibt er unbefriedigt und läuft auch noch Gefahr, verspottet zu werden. Seine daraus resultierende Aggression richtet sich aber nicht gegen sich selbst, sondern gegen das »Objekt«, das aus seiner Sicht für seine Begierde verantwortlich zu machen ist, diese aber nicht befriedigen konnte, weil er nicht konnte usw.
Ich glaube, daß darin eine gewisse Angst vor der Frau schlechthin begründet ist. Soweit ein Versuch, eine Facette im männlichen Verhalten zu verstehen.

Die Erfahrung hat gezeigt, daß gerade wir, die Um-und-Über-Fünfzigjährigen, mit diesem männlichen Problem ganz gut umgehen können. Schon deshalb, weil wir ja, im besten Fall, in uns ruhen, über uns selbst Bescheid wissen und damit auch für andere offen sind. Und dadurch kommen wir dem Mann auch ganz anders entgegen. Auch in der Sexualität. Der Mann weiß im allgemeinen, daß wir wissen, worum es im Leben geht, und fühlt sich mitunter dadurch freier und entspannter.

Vielleicht macht dieses Wissen die Um-und-Über-Fünfzigjährigen für viele junge Männer so attraktiv. Ich selbst habe festgestellt, daß meine Verehrer durchweg eher um die fünfunddreißig Jahre alt als in meinem Alter sind. Es kann sich ja dabei nicht nur ausschließlich um jugendliche Neugier und Sammlereifer handeln!
Ich denke, es hat auch mit unserer Ausgeglichenheit zu tun, dem Wissen um die Dinge. Der Mann fühlt eine Sicherheit, vor eventuellen Peinlichkeiten geschützt zu sein. Freuen wir uns darüber, denn auch dadurch sind wir einmalig! Kein anderer Lebensabschnitt zuvor hätte uns soviel Einsicht und Nachsicht gebracht. Das ist ein Geschenk der Zeit.

Die Zeit bringt aber auch noch anderes mit sich, gerade was unsere Sexualität betrifft. Ich ziehe jetzt wieder einmal meine bescheidene persönliche Statistik zu Rate und bemerke folgendes:
Das Klimakterium hat bei den meisten meiner Freundinnen und Befragten zu einer Abnahme der Libido, der Lust, geführt, was in einer Partnerschaft zu einem Hauptdiskussionsthema werden kann.
Falls dies auf Sie zutrifft, dann gestatten Sie sich auch die Diskussion mit Ihrem Partner. Sprechen Sie offen über dieses Problem, so wie ich überhaupt hoffe, das Sie über alles mit ihm offen reden können. Sie wissen ja, man kann über alles reden, es kommt nur auf die Form an und mitunter auch auf den richtigen Zeitpunkt.
In einer langjährigen funktionierenden Beziehung mit all ihren guten und schlechten Tagen sollte ein offenes Gespräch kein Problem sein, falls Sie miteinander leben und nicht nebeneinander.

Genauso wie bei Ihrer persönlichen Liste ist auch hier Ehrlichkeit sehr wichtig. Wenn Ihnen der Liebesakt mit Ihrem Mann gelegentlich – oder auch öfter – keinen Spaß macht, dann sollten Sie, wenn Sie sich und Ihren Mann wirklich lieben, keine »Show« im Bett abziehen. Wir alle wissen, daß man als Frau relativ leicht einen Orgasmus vortäuschen kann.
Dazu fällt mir die köstliche Szene aus dem Film »Harry und Sally« ein, in der Sally – Meg Ryan – im Restaurant ihrem überheblichen Gegenüber – Billy Crystal – lautstark beweist, daß man als Frau sehr wohl einen Orgasmus so vortäuschen kann, daß der Mann es nicht bemerkt.
Als der Ober nach der gelungenen »Vorstellung« einen Tisch weiter eine Bestellung aufnehmen will, verlangt die Dame, die Augen- und Ohrenzeugin des lustvollen Ausbruches wurde, dasselbe, wie Sally zum Dinner hatte.

Das war im Film sehr lustig, machte aber doch auch deutlich, wie wenig Männer über Frauen wissen. Und was im Kino unterhält, kann im Leben zum Problem werden.
Suchen Sie lieber das Gespräch, als im Bett Ihre schauspielerischen Fähigkeiten zu testen. Auf lange Sicht führt das nur zum eigenen großen Frust, auch wenn Sie glauben, damit den Haussegen gerettet zu haben.
Dem ist nämlich nicht so. Ihr Unmut über diesen Zustand entlädt sich ganz bestimmt bei nächster Gelegenheit gegen den Partner, und sei der Anlaß auch noch so unbedeutend.
Ich spreche aus eigener Erfahrung. Auch ich habe

entdecken müssen, daß, bei aller Liebe und Zuneigung zu meinem Partner Lance, die körperliche Lust auf ihn im Laufe von siebzehn Jahren schwächer geworden ist, was ich übrigens für durchaus normal halte. Das Klimakterium aber hat noch weiter dazu beigetragen, daß meine Libido erheblich schwächer wurde. Anfangs war das ein Problem für mich. Lance, der sich am liebsten täglich am Sex erfreuen würde, zeigte zunächst kein Verständnis für meine häufigen Absagen, die ich mit Kopfweh, Müdigkeit oder sonst einer Malaise begründete. Bis mir klar wurde, daß ich so zu keiner Lösung des Problems käme und die Stimmung zwischen uns immer schlechter wurde. Auch die große »Show« im Bett schien mir kein Ausweg.

Und weil ich damals gerade anfing, an den Dingen zu arbeiten, die ich in diesem Buch für Sie niederschreibe, und dabei gelernt habe, mich selbst zu entdecken und zu mögen, beschloß ich, auch auf sexuellem Gebiet nichts zu tun, was sich gegen mich selbst richten könnte.

Lance und ich führten lange Gespräche, gelegentlich auch ziemlich heftige, und ich habe damals für uns folgende Lösung gefunden, die sich auch für viele andere Bereiche anbietet:
Wenn zum Beispiel einer von uns beiden Lust hat, ins Kino zu gehen, um einen ganz bestimmten Film zu sehen, der andere aber nicht, so sollte derjenige, der ins Kino gehen möchte, versuchen, den anderen so zu motivieren, daß er auch Lust dazu bekommt. Den Rest überlasse ich Ihrer Phantasie ...

Natürlich ist das mitunter anstrengend, aber es ist eine Möglichkeit, ehrlich miteinander umzugehen. Keine Ausreden, keine Showeinlagen! Kein Frust und keine Aggressionen gegen den Partner!
Wenn Sie sagen, was Sie wollen, haben Sie die Chance, es zu bekommen. Und wenn Sie sagen, was Sie nicht wollen, so wird man das auch respektieren.
Vergessen Sie nicht: Sie sind diejenige, die Sie glücklich oder unglücklich macht, und sonst niemand. Sie entscheiden, wie es Ihnen geht. Na eben!

Bei dieser Gelegenheit fällt mir noch ein anderes Rezept ein, das ich für mich entwickelt habe, um unnötige Auseinandersetzungen mit meinem Partner zu vermeiden.
Ich bin ein sehr pünktlicher Mensch. Lance nicht. Unpünktliche Menschen bleiben auch unpünktlich, das habe ich in vielen Jahren gelernt. Es ist ein Verhaltensmuster, das sich offenbar nicht ändern läßt, zumindest nicht bei den Menschen, die ich kenne.
Wann immer wir eine Einladung haben, kommen wir zu spät.
Ich bin dann meistens ziemlich sauer, während Lance als vergnügter Sonnyboy natürlich die Gastgeber oder wen auch immer sofort auf seiner Seite hat. Ich also mit verbissenem Gesichtsausdruck, Lance als Prince Charming. So wollte ich mich natürlich nicht sehen und habe mir etwas einfallen lassen: Ich gebe Lance prinzipiell die falsche Uhrzeit für den Beginn einer Einladung etc. bekannt, nämlich eine halbe Stunde früher, und dann erreichen wir auch immer pünktlich unser Ziel, und ich bin gelöst und ebenso vergnügt wie Lance. Ich variiere natürlich die Zeiten,

gebe manchmal auch den richtigen Termin bekannt, damit für Lance kein erkennbares Muster entsteht.

Seine Unpünktlichkeit und Sorglosigkeit im Umgang mit der Zeit haben auch immer heftige Streitereien bei unserem Urlaubsantritt ausgelöst. Wenn unser Flugzeug zum Beispiel um zehn Uhr nach Jamaika startete, so raste Lance noch schnell in sein Büro, nicht ohne mir strahlend zu versichern, er wäre pünktlich wieder da. Das war er natürlich nicht. Ich saß zu Hause wie auf Nadeln und sah unseren Urlaub dahinschwinden. In letzter Minute rasten wir aber dann doch zum Flughafen, ich neben Lance, schimpfend wie ein Rohrspatz und unglaublich wütend. Und das nicht ohne Grund: Denn mehr als einmal mußte für uns das Check-in wieder geöffnet werden, und es ist auch schon vorgekommen, daß die Gangway nochmals ausgefahren werden mußte. Das ist allerdings schon lange her.
Sie können sich unser Eintreffen im Flugzeug sicher gut vorstellen. Alle Augen waren auf uns gerichtet. Ich stand da mit zornigem Gesicht, Lance war vergnügt wie eh und je und sagte nur: »Was willst du eigentlich? Wir haben's doch geschafft!« Meistens war ich dann noch den ersten Urlaubstag auf ihn sauer und habe mir damit selbst auch einen Tag verdorben. Ich beschloß, das zu ändern. Ich wollte weder eine bissige Hexe werden mit ganz bösen Falten, noch wollte ich mir auch nur einen Tag meines wohlverdienten Urlaubs selbst vermiesen.

Und so geschieht seit vielen Jahren folgendes: Was auch immer Lance vor unseren diversen Abflügen oder Abfahrten mit dem Zug zu erledigen hat, ich

fahre mit meinem eigenen Auto oder mit dem Taxi rechtzeitig von zu Hause weg, setze mich gemütlich in das Flugzeug oder den Zug und stelle mir vor, daß ich diesen Urlaub auch allein ganz gemütlich verbringen könnte. Und dann kommt in letzter Minute Lance, strahlend wie immer, aber abgehetzt und meistens ziemlich aufgelöst. Aber das ist sein Problem!
Somit haben wir zumindest zwei Auslöser für unnötige Streitereien aus der Welt geschafft und fühlen uns beide wohl. Vermutlich ich noch mehr als er, denn für ihn hat sich ja nichts Wesentliches verändert, außer daß im Auto keine Beschimpfungen mehr zu hören sind.

Vielleicht gibt es auch in Ihrer Beziehung derartige »Kleinigkeiten«, die mit einiger Überlegung Ihrerseits aus dem Weg geräumt werden können, damit Sie sich in Ihrer Haut wohl fühlen.

♂

Ich kann das Kapitel Männer nicht abschließen, ohne noch einen kleinen persönlichen Kommentar abzugeben. Wohlgemerkt – und ich denke, ich habe das bis jetzt auch bewiesen: Ich liebe die Männer und habe großes Verständnis für sie, obwohl sie oft genug Anlaß zu Ärgernis geben, in ihrer Ungerechtigkeit aus Unsicherheit und in ihrem Machtbestreben aus Unsicherheit uns Frauen gegenüber.

Während es einerseits Männer gibt, die in den Um-und-Über-Fünfzigjährigen zum Beispiel in Sachen

Klimakterium eine zahlungskräftige Klientel entdeckt haben, die unerschöpflich »nachwächst«, gehören andererseits für manche (viele) Männer die Um-und-Über-Fünfzigjährigen bereits zum alten Eisen, aus Tradition, weil bis vor einigen Jahrzehnten die Lebenserwartung der Menschen wesentlich geringer war. Das ist allerdings lange her, aber noch fest in einigen männlichen Gehirnen verankert.
Ohne Ansehen der Person wird ver- und geurteilt. Dabei kennen wir alle »alte Junge« und »junge Alte«, nicht nur unter uns Frauen. Na eben!
Wobei ich schon feststellen möchte, daß ich weder Jugend noch Alter für ein Verdienst halte. Es ist der Kreislauf des Lebens.

Die Unsicherheiten der Männer führen dazu, daß sie entscheiden, wann eine Frau für etwas zu alt ist und wie lange sie selbst jung genug für etwas sind! Und weil wir immer noch in einer Männerwelt leben und die wichtigen Positionen – mit wenigen Ausnahmen – nach wie vor von Männern besetzt sind, hat diese Einstellung mitunter verheerende Folgen.
Erst wenn Männer sich vor Frauen nicht mehr fürchten und auch umgekehrt, wenn die Entscheidung im Berufsleben zwischen Mann und Frau wirklich keine Rolle mehr spielen wird, wenn es in erster Linie nur mehr um Menschen geht, dann wird der Kampf der Geschlechter zum Erliegen kommen.

Die ersten Schritte sind getan, aber es ist, wie gesagt, noch ein weiter Weg bis zum Ziel. Erfreulicherweise erobern immer mehr Frauen männliche Domänen, immer mehr Frauen gehen selbstbewußter durchs Leben als je zuvor.

Und wenn man die Entwicklung in unserem Jahrhundert betrachtet, so ist es eigentlich der Mann, der sehr an sich zu arbeiten hätte, um mit uns Frauen Schritt zu halten. Denn während einst viele Männer (vermutlich die meisten) über vereinzelte emanzipatorische Bestrebungen noch lachen konnten, ist ihnen das Lachen mittlerweile vergangen.
In vielen Fällen haben Ratlosigkeit und noch mehr Unsicherheit die Häme verdrängt.
Der Typ »Sammler und Jäger« ist immer weniger gefragt! Denn seit wir Frauen uns selbst ernähren können, ist auch der »Ernährer« nicht mehr an der Spitze der Beliebtheitsskala. Andere Werte sind gefragt: Zärtlichkeit, Liebe, Verständnis, gelebte Partnerschaft usw.

Mit dieser Entwicklung müssen Männer plötzlich leben, die durch Jahrhunderte gewohnt waren, die erste Geige zu spielen. Einige ältere Semester fühlen sich wahrscheinlich auch aus diesem Grund zu jüngeren Frauen hingezogen. Siehe Bernard Shaw: Pygmalion-Syndrom!
Außerdem könnte ein Mann durchaus auch im fortgeschrittenen Alter als Beweis seiner Potenz noch Kinder zeugen, aber das natürlich nur mit einer jungen Frau. Man denke an Charlie Chaplin, Anthony Quinn und in unseren Breiten an Klausjürgen Wussow.
Die Natur hat, wie es scheint, als Entschädigung für die ewigen Ängste des Mannes die Möglichkeit später Vaterschaft eingerichtet. Ob auch immer zum Vorteil des Kindes, das möchte ich dahingestellt lassen.

Wenn manche Männer ihre Frauen nach einem langen gemeinsamen Lebensweg verlassen, dann oft auch deshalb, weil mitunter das sexuelle Verlangen der Frau in dem Maße abnimmt, in dem es beim Mann zunimmt. Aus Angst, jeder erfolgreich vollzogene Liebesakt könnte der letzte sein, will sich der Mann im fortgeschrittenen Alter so oft wie möglich selbst beweisen, daß es doch noch nicht zu Ende ist. Wenn man sich als Frau dadurch überfordert fühlt, kein Gespräch zustande kommt und Harmonie und Verbundenheit bereits gestört sind, dann kann es zu einer Trennung kommen. Im allgemeinen aber beobachte ich, daß »nur« fremdgegangen wird, um die gewünschte Bestätigung zu erlangen. Manchmal mit dem Wissen der Frau, manchmal ohne deren Wissen. Wie Sie damit umgehen, falls Sie davon betroffen sind, das bleibt Ihnen überlassen. Es könnte ja auch der umgekehrte Fall eintreten, und da bin ich schon für gleiches Recht für alle. Aber nicht vergessen: Sie sollten sich dabei wohl fühlen und nicht aus Frust handeln.

Was mich betrifft, so ist ein Seitensprung meines Partners für mich kein Grund, ihn zu verlassen. Scherzhaft pflege ich manchmal zu sagen: »Was mich entlastet, macht mich glücklich!«, und das enthält bei aller Scherzhaftigkeit doch einen wahren Kern. Sex gehört nicht mehr zu den wichtigsten Dingen in meinem Leben.

Meine Sturm-und-Drang-Zeit diesbezüglich habe ich hinter mir und sie auch voll ausgelebt.

Was Lance und mich verbindet, das ist etwas Besonderes: ein langer gemeinsamer Weg voller Höhen und Tiefen, zu allen Jahreszeiten und in allen Farben. Wir haben einen, wie ich glaube, unkonventionellen Weg des Miteinander gefunden. Wir respektieren einander, lieben einander, und jeder läßt dem anderen seinen Freiraum. Und während in der Phase der ersten Verliebtheit das Körperliche im Mittelpunkt gestanden hat, ist es jetzt die Vertrautheit, das genaue Wissen um den anderen.

Ich glaube ja, daß für die meisten von uns Frauen mit den Jahren die Zärtlichkeit einen wesentlich größeren Stellenwert einnimmt als der Liebesakt. Ausnahmen bestätigen die Regel!
Ich weiß aber aus eigener Erfahrung und auch von vielen anderen Frauen, daß die meisten Männer nur dann zärtlich sein können, wenn Sie den Liebesakt im Sinn haben. Viele von ihnen können ihre Gefühle überhaupt nur durch den Akt vermitteln und sind nicht imstande, Zärtlichkeit als Selbstzweck, als Streicheleinheit, auszuüben.
Und so lernt man als Frau, auf eine gewisse Zärtlichkeit zu verzichten, wenn einem selbst der Sinn nicht nach Sex steht.
Denn hat einmal die Kuschelei und Schmuserei begonnen, so ist das für die meisten Männer das Signal zur sexuellen Aktivität. Und wenn man als Frau dann darauf nicht eingeht oder sich gar ablehnend verhält, dann ist das einmal mehr Anlaß zu Diskussionen oder Auseinandersetzungen. Denn die wenigsten Männer geben sich mit einem Austausch von Zärtlichkeiten und Umarmungen zufrieden.
Aber genau das ist es, was ich manchmal lieber hätte als alles andere. Sie vermutlich auch!

Ich habe mir bei Lance oft mit List und Tücke meine

Streicheleinheiten geholt, ohne die vollen »Konsequenzen« tragen zu müssen. Ich habe in Gesellschaft seine Hand gehalten und mich an ihn gekuschelt, was normalerweise nicht meine Art ist, wohl wissend, daß mir in der Öffentlichkeit nichts »passieren« kann. Allerdings gab es dann zu Hause meistens einen mittleren Disput, weil das, was in seinen Augen in der Öffentlichkeit von mir begonnen, daheim nicht vollendet wurde.
Falls auch Sie das Gefühl haben, zu wenig Streicheleinheiten zu bekommen, vor allem dann, wenn die Kinder aus dem Hause sind, die ja einen großen Teil der eigenen Zärtlichkeit fordern und auch zurückgeben, dann schaffen Sie sich doch ein Haustier an! Ich zum Beispiel habe einen Hund. Mit ihm kann ich kuscheln, und er ist stets voller Freude, wenn er mich sieht, und strahlt seine ungetrübte Zuneigung für mich aus. Das tut mir gut, erzeugt Wärme und ein Gefühl der Liebe für ein Mitgeschöpf. Damit ist ein Teil meines Bedarfes an Streicheleinheiten abgedeckt, und Lance und ich haben auch weniger Diskussionen zum Thema Zärtlichkeit.
Mag sein, daß Ihnen das merkwürdig vorkommt, aber wenn Sie je ein Haustier hatten, dann wissen Sie, was ich meine.
Ich jedenfalls genieße das und fühle mich wohl dabei und damit auch meine Umwelt. Ich möchte meinen kleinen Cairn-Terrier Stanley nicht mehr missen!

Vielleicht ist aber gerade Sex für Sie immer noch sehr wichtig und für Ihren Partner nicht. Auch dafür läßt sich eine Lösung finden. Das werden Sie selbst am besten wissen.
Wie auch immer: Am wichtigsten ist es, daß Sie Ihre

ganz persönliche Form des Zusammenlebens finden, egal, wie es andere machen oder was andere dazu sagen. Sie sollen sich dabei wohl fühlen, alles andere zählt nicht.
Und damit schließt sich der Kreis meiner Betrachtungen. Auch dieses Kapitel ist nicht dazu gedacht, in Details zu gehen und Einzelschicksale anzuführen. Es ist, wie gesagt, sehr allgemein gehalten, um die Essenz meiner Überlegungen klarzumachen.

Ich hoffe, daß die Männer die Zeichen der Zeit bald erkennen und dementsprechend reagieren. Wir alle wissen, es ist höchste Zeit!
Und wenn das gelingt, was wir uns wünschen, nämlich den Menschen und nicht Frau oder Mann an erste Stelle zu setzen, dann werden wir noch mehr Freude aneinander haben, und Freude ist ein schönes Gefühl und strahlt vielfach zurück.

Abschließend scheint mir noch folgendes wichtig: Es ist schön, mit einem Mann zu leben, es kann aber auch das Gegenteil sein. Dann sollten Sie etwas dagegen tun. Mit allen Ihnen zur Verfügung stehenden Möglichkeiten und Mitteln. Denn: Eine Frau wie Sie muß nicht unbedingt einen Mann haben. Eine Frau wie Sie kann auch sehr gut alleine leben, in sich ruhend, von Liebe und Energie erfüllt.
Wenn Sie lieber allein leben wollen, dann gut so, genießen Sie es und ignorieren Sie mögliches Geschwätz. Denn eines sollten Sie wissen: Allein heißt nicht einsam. In einer Ehe, einer Partnerschaft allein zu sein, das ist Einsamkeit.
Sie bestimmen über Ihren ganz persönlichen Kosmos, Sie haben ihn eingerichtet, Sie halten Ordnung

und sorgen für Licht und Liebe bis in den kleinsten Winkel. Sie entscheiden, wie es Ihnen geht, und deshalb geht es Ihnen gut.
Und wenn Sie das niemals vergessen, dann können Sie sich selbst niemals verlieren und werden stets im Einklang mit sich und dadurch mit Ihrer Umgebung sein.
Und das ist, Sie wissen es, insgesamt ein wunderbares Gefühl!

MÄNNER usw.

- ♂ Ich spreche über Lustverlust mit meinem Partner.
- ♂ Keine Vortäuschung falscher Tatsachen!
- ♂ Ich lasse meinem Partner den Freiraum, den ich auch für mich beanspruche.
- ♂ Ich versuche, Anlässe für kleine Streitereien mit Phantasie und Eigeninitiative aus der Welt zu schaffen.
- ♂ Ich kann eine unerträgliche Situation immer noch ändern. Dafür ist es nie zu spät.
- ♂ Es ist besser, allein zu leben als einsam in einer Beziehung.
- ♂ Eine Frau ist nicht weniger Frau, wenn sie allein lebt.
- ♂ Was immer ich auch tue, es ist wichtig, daß ich mich dabei wohl fühle!

Kinder und Uhren
dürfen nicht beständig aufgezogen werden,
man muß sie auch gehen lassen.

Jean Paul

KINDER! KINDER!

Weil ich Kinder liebe, habe ich keine! Das mag auf den ersten Blick paradox, ja sogar zynisch erscheinen, aber Sie werden gleich sehen, daß dem nicht so ist.
Da ich immer turbulenten Berufen nachgegangen bin wie Fotomodell, Schauspielerin, Fernsehmoderatorin und stets Selbsternährerin war und bin, hätten meine Kinder nicht viel von mir gehabt. Ich habe mir auch mit 23 Jahren nicht zugetraut, berufliche und familiäre Anforderungen gleich gut zu erfüllen. Ich bewundere heute die jungen Frauen, die mit zwei oder drei Kindern karrieremäßig voll im Einsatz sind. Allerdings weiß ich nicht, wie es den Kindern dabei geht, wenn Au-pair-Mädchen, Tagesmütter und Kindergärten – schon für Dreijährige – die Kleinen betreuen, aber ich lese und höre: Es geht ihnen gut!

Ich bin in dieser Hinsicht ziemlich altmodisch, denn ich habe es als Kind sehr genossen, daß meine Mutter zu Hause war, wenn ich zum Beispiel von der Schule heimkam. Für mich war es wohltuend, gemeinsam mit ihr und meiner Schwester beim Frühstück zu sitzen, um danach in den Tag hinauszustürmen. Und am schönsten war es, wenn meine Mutter vor dem

Schlafengehen Geschichten erzählt oder auf ihrer Mandoline gespielt und dazu gesungen hat!
Diese Dinge gehören für mich zu den angenehmsten Erinnerungen meiner Kindheit. Sie haben mir ein Maß an Sicherheit und Geborgenheit gegeben, das ich vielleicht bei einer Tagesmutter nicht gefunden hätte. Das läßt sich natürlich nicht überprüfen, aber Sie werden sicher verstehen, daß mich mein Elternhaus geprägt hat.
All das hätte ich meinen Kindern auch gern geboten. Es wäre aber nicht möglich gewesen, weil ich dauernd unterwegs war und – das ist sicher nicht unwesentlich: Ich habe mich mit 23 Jahren selbst noch sehr wichtig genommen!
Außerdem hatte ich immer Männer, die sich eigentlich eine Familie nicht leisten konnten. Sprich: Sie hatten nicht viel Geld. Aber ich habe sie geliebt, und das war für mich die Hauptsache!
Geld konnte ich selbst verdienen, und das wollte ich auch immer. Ich wollte diesbezüglich unabhängig sein. Vielleicht auch deshalb, weil meine Mutter als Hausfrau mit zwei Kindern kein eigenes Einkommen hatte, wobei ich Hausfrau und Mutter für eine der anstrengendsten Tätigkeiten überhaupt halte. Es ist eine Tätigkeit, die nicht gebührend respektiert und schon gar nicht honoriert wird. So mußte sich meine Mutter in finanziellen Dingen immer an meinen Vater wenden. Und wenn's auch nur um ein paar Strümpfe ging. Das wollte ich für mich nicht! Ich habe einen anderen Weg gewählt. Aber: Meine Kinder hätten es sicher nicht so fein gehabt wie ich!

Damit Sie mich nicht falsch verstehen, auch hier gilt wieder der Grundsatz: Jeder muß für sich selbst

entscheiden, welchen Weg er gehen will. Vielleicht sind Sie ja der Meinung, ich hätte die Finger von diesem Kapitel lassen sollen. Wozu und mit welcher Berechtigung schreibt jemand über Kinder, der selbst keine hat?
Nun, ganz so ist das nicht! Sie werden gleich sehen, warum. Ich habe zwar nicht geboren, aber ich bin eine Stiefmutter!
Mein erster Mann, Alfi, hat ein kleines Mädchen in unsere Beziehung mitgebracht: seine fünfjährige Tochter Marina. Ich war damals neunzehn Jahre alt. Heute ist Marina neununddreißig, wird von mir immer noch Mausi genannt und hat mich bereits zur dreifachen Stiefomi gemacht.
Dieses damals kleine Wesen war meistens mit uns im Urlaub, und gelegentlich war ich auch mit Mausi allein unterwegs. Ich habe sie von Anfang an gemocht. Zum Glück! Und das ist nicht selbstverständlich! Schließlich sind ja nicht alle Kinder von Haus aus sympathisch, nur weil sie Kinder sind, und außerdem hat man auch nicht zu jedem Kind sofort einen guten Draht. Den hatte ich zu ihr, und vor allem ausreichend Liebe in mir.
Wie ließe es sich sonst erklären, daß ich einer Sechsjährigen nicht sofort den Hintern versohlt habe, nachdem sie sich während eines Ausflugs im Wald die Heidelbeerfinger an meiner nagelneuen Khakihose reinigen mußte, weil, wie sie mir damals treuherzig versicherte, doch grad kein Handtuch da wäre!

Die Jahre zogen ins Land, wie es so schön heißt, von Mausis Vater bin ich längst geschieden. Aber nicht von ihr! Sie spielt in meinem Leben nach wie vor eine zentrale Rolle. Bei allen wichtigen Entscheidungen in ihrem Leben wurde ich zu Rate gezogen und war auch immer zur Stelle. Ihrer Mutter bin ich damit nie in die Quere gekommen. Mausi hatte für uns beide Platz, und wenn sie Rat und Hilfe braucht, dann kann sie auch heute noch immer auf mich zählen. Mittlerweile ist das auch umgekehrt [illegible]. Schließlich sind wir beide bis [illegible] schöne Strecke gemeinsam durch dick und dünn gegangen. Jetzt hat sie ihre eigene Familie: ihren Mann Wolfgang, die Kinder Thomas 14, Sabine 13 und Martin 3 Jahre alt. Dazu kommen noch zwei Meerschweinchen, zwei Spanieldamen und jede Menge Fische. Mausi managt mit viel Geschick ihr Leben, und ich bin gern bei ihr zu Besuch, weil trotz vieler durch Kinder und Hunde bedingter Turbulenzen eine Harmonie zu spüren ist, die ich leider bei vielen Paaren vermisse.

Warum ich das erzähle? Weil auch diese Lebensbeziehung mich geprägt und die mütterliche Seite in mir zum Klingen gebracht hat. Und weil sie mit Liebe zu tun hat. Wie schon gesagt: Für mich hat sowohl »Kinder-Haben« als auch »Keine-Kinder-Haben« mit Liebe zu tun.

Falls Sie Kinder haben, dann erleben Sie vermutlich gerade jetzt, wie diese beginnen, ihr eigenes Leben zu führen und als eigenständige Geschöpfe ihr Leben auf ihre Art meistern. Freuen Sie sich darüber und versuchen Sie, loszulassen. Nur so kann Ihre Liebe ungehindert zwischen Ihnen und Ihren Kindern weiterhin fließen. Ohne Besitzansprüche und unverkrampft!

Konzentrieren Sie sich auf den Menschen, der ab jetzt der wichtigste in Ihrem Leben ist: Sie selbst! Und damit bin ich wieder beim Thema meines Buches: bei der Liebe zu sich selbst!

Der Weg dorthin ist vermutlich für Sie als Mutter schwieriger als für jede andere Frau, weil sich ja gerade Ihre Sorge und Ihr Interesse naturgemäß mehr auf die Kinder konzentriert hat als auf sich selbst.

Aber um so mehr sind jetzt endlich Sie an der Reihe! Sie schaffen es, wenn Sie es wirklich wollen.

Überlegen Sie sich, wie Sie am besten das Ziel erreichen können. Die Abnabelung kann in einem Fall leichter sein, in einem anderen schwerer. Stellen Sie Ihre eigene Person in den Mittelpunkt Ihrer Interessen, und planen Sie auch Ihre Kinder ein, aber wohldosiert.

Es könnte auch sein, daß Sie sich so sehr für Ihre Kinder engagiert haben, daß Ihre persönlichen Interessen in den Hintergrund gerückt sind, dort verblassen und kaum noch zu erkennen sind.

Das macht nichts. Dann beginnen Sie von neuem. Finden Sie heraus, was Sie interessieren könnte. Vielleicht haben Sie zum Beispiel Lust, als außerordentliche oder auch ordentliche Hörerin ein bestimmtes Fach an der Universität zu belegen, oder Sie besuchen einen Kurs an einer Volkshochschule. Vielleicht gibt es etwas, was Sie schon gerne vor Ihrer Mutterschaft gemacht haben, und Sie könnten sich vorstellen, da weiterzumachen, wo Sie aufgehört haben. Vielleicht aber hat sich auch im Laufe Ihres Lebens ein bestimmtes Talent verstärkt oder ein neues herauskristallisiert. Vielleicht entdecken Sie Ihre sportliche Seite oder eine bis jetzt schlummernde Kreativität ...

Die Möglichkeiten sind unbegrenzt, wenn Sie erst einmal erkannt haben, was Sie wirklich wollen. Dann greifen Sie zu, und bedienen Sie sich der reichhaltigen Palette, die das Leben bereit hält.
Vielleicht haben Sie jetzt Lust auf ein Haustier? Dann holen Sie doch zum Beispiel eines der vielen Mitgeschöpfe aus einem Tierheim, wo es sein Dasein fristen muß, weil es noch immer Menschen gibt, die Tiere wie einen Gegenstand ablegen.
Sie sehen, die Möglichkeiten, alte Interessen aufleben zu lassen oder neue zu entdecken, sind nahezu unbegrenzt!

Halten Sie Ihre Kinder nicht für undankbar, weil sie Ihre eigenen Wege gehen. Ich persönlich finde es ja ziemlich unverschämt, von einem Kind Dankbarkeit zu erwarten, womöglich sogar zu verlangen. Niemand wurde gefragt, ob er auf die Welt kommen möchte! Die Entscheidung für die Existenz Ihres Kindes haben Sie selbst gefällt und damit Pflichten, Verantwortung und vieles mehr übernommen.
Freuen Sie sich über die Freude, die Sie machen können, auch vielleicht Ihren schon erwachsenen Kindern. Stellen Sie doch auch Ihrerseits Ansprüche, gewissermaßen als gleichwertiger Partner. Drehen Sie zur Abwechslung den Spieß einmal um, wenn Sie Lust dazu haben, und lassen Sie sich von Ihren Kindern verwöhnen. Wenn die Liebe zwischen Ihnen und Ihrem Nachwuchs richtig sitzt, dann wird das auch gelingen!

Denken Sie immer daran: Sie sind einmalig! Durch Ihre Selbsterkenntnis, durch Ihre Liebe zu sich selbst haben Sie Güte, Einsicht, Nachsicht und

Selbstbewußtsein bis zur Vollendung entwickeln können, falls Sie das auch wirklich angestrebt haben. Wenn Sie noch »am Arbeiten« mit sich sind, so dürfen Sie sich auf das Ziel freuen. Sie wissen, was Sie ausstrahlen, bekommen Sie mehrfach von Ihrer Umgebung zurück! Und dazu gehören ja auch vor allem Ihre Kinder.
Also strahlen Sie, erfüllen Sie sich mit Liebe und Energie und erfreuen Sie sich an Ihrer persönlichen Leistung, den Weg zu sich erobert zu haben!

Falls Sie keine Kinder haben, so gilt in diesem Fall das, was ich auch schon im Hinblick auf Männer gesagt habe: Eine Frau muß keinen Mann haben, um sich wohl zu fühlen, und eine Frau muß keine Kinder haben, um als Frau zu gelten!

Wenn Sie Ihr Leben lang Kinder wollten und, aus welchen Gründen auch immer, keine bekommen konnten, so will ich Sie nicht trösten, weil ich das allgemein gültig gar nicht in Form bringen kann und weil es unseriös wäre.
Aber ich will Ihnen einen Denkanstoß geben: Richten Sie Ihren Blick nach vorne! Prüfen Sie, ob Sie den unerfüllten Wunsch nach einem Kind bereits verarbeitet haben oder nicht. Wenn nicht, dann tun Sie etwas dagegen. Noch ist es nicht zu spät, aber es ist höchste Zeit! Eine Frau wie Sie kann das!
Es gibt Tausende Kinder auf dieser Welt, die glücklich wären, ein Zuhause zu haben. Vielleicht gelingt Ihnen eine Adoption, auch wenn das oft sehr schwierig ist. Oder Sie übernehmen eine Patenschaft über ein Kind oder über mehrere. Helfen Sie zum Beispiel jungen Frauen als Tagesmutter usw.

Es gibt viele Möglichkeiten! Und wenn Sie sich selbst lieben gelernt haben, dann werden Sie auch die nötige Energie aufbringen, das Richtige und für Sie Wichtige zu tun.
Erleben Sie, was die Liebe zu sich selbst bewirken kann und welche Bereicherung sie für Ihr Leben ist!

KINDER! KINDER!

- Ich will loslassen und mich selbst in den Mittelpunkt meiner Interessen stellen.
- Ich erforsche meine möglichen Interessen und Talente.
- Ich behandle mein erwachsenes Kind wie einen gleichberechtigten Partner.
- Ich verlange von meinem Kind keine Dankbarkeit, lasse mich aber gerne von ihm verwöhnen.
- Wenn ich will, kann ich ein Kind adoptieren.
- Ich tue nur das, wobei ich mich wohl fühle.

Was sie nie vergessen,
Geht mit ihnen heim.
Hier ein Wiegenlied und
Dort ein alter Reim.

Bertold Viertel
aus dem Gedicht »Die Gräber«

DIE ELTERN

Ich weiß nicht, ob Sie das auch erlebt haben, und wenn, dann weiß ich nicht, wie es Ihnen dabei ergangen ist! Aber vielleicht haben Sie auch ähnliches erlebt.

Ich für meinen Teil kann mich noch ganz genau an jenen Moment erinnern, in dem mir schmerzlich bewußt wurde, daß mein Kindsein endgültig und unwiderruflich vorbei ist. Nein, das war nicht anläßlich meiner ersten Menstruation und auch nicht am Tag der langersehnten Großjährigkeit! Es war erst vor kurzem, und es hatte mit meinen Eltern zu tun.

Solange ich sie jederzeit besuchen konnte, um mich, bildlich gesprochen, mit »Kaffee und Kuchen« verwöhnen zu lassen, solange ich meine Sorgen unbedenklich mit ihnen teilen konnte, so lange existierte für mich noch ein Rest von Kindheit.

Die Altersdemenz meiner Mutter und die Sorge um meinen Vater, der die ganze Last der neuen Situation zu tragen hat – wenngleich ich versuche, ihm nur jede denkbare Erleichterung zu bieten –, führten schlagartig zum Rollentausch. Meine Eltern wurden zu meinen Kindern – meine Kindheit war damit zu Ende.

Vielleicht erleben Sie gerade im Moment ähnliches, vielleicht aber haben Sie es noch vor sich.
Es ist ein schmerzlicher, aber natürlicher Prozeß: Es ist der Kreislauf des Lebens! Wenn Sie von Liebe und Energie erfüllt sind, dann werden Sie auch diese Situation meistern.
Ich habe das selbst erlebt. Sie werden staunen, wieviel Güte, Geduld und Verständnis Sie aufbringen, wenn Sie mit sich im Einklang sind. Diese neue Situation in Ihrem Leben beinhaltet auch eine weitere wunderbare Erkenntnis über Ihre eigene Persönlichkeit. Ich habe diese Entwicklung auch an mir selbst beobachten können und will Ihnen als Beweis dafür einen kurzen Blick auf meine Liste gestatten.

Zu meinen Schwächen, die es zu bearbeiten galt, gehörte unter anderem auch die Ungeduld. Ich habe das schon einmal kurz erwähnt. Nichts konnte mir früher rasch genug gehen. Umständlichkeit konnte mich zur Weißglut bringen.
Erst die Beschäftigung mit meinem persönlichen Kosmos, erst der Blick nach innen und damit das Erkennen dieser Schwäche, machten es mir möglich, sie auch abzubauen. Meine persönliche Liste hat dabei eine sehr wichtige Rolle gespielt. Und so habe ich mittlerweile gelernt, Geduld zu üben, wo sie nötig ist.
Und heute, wenn meine Mutter auf Grund ihrer Krankheit innerhalb kurzer Zeit zehnmal dasselbe fragt, so bin ich durchaus imstande, zehnmal liebevoll dieselbe Antwort zu geben. Und außerdem: Habe ich als Kind nicht auch hundertmal dasselbe gefragt, und haben meine Eltern nicht auch immer darauf geantwortet?

Ein Kreislauf schließt sich in Liebe. Als ich die eindeutigen Signale der Hilflosigkeit meiner Eltern erkannte, wurde es für mich irrelevant, welche Konflikte ich mit ihnen in der Vergangenheit auszutragen hatte.

Und damit bin ich beim Kernpunkt dieses Kapitels, das wie alle anderen allgemein gehalten ist und anhand einfacher Beispiele zeigen soll, was ich meine. Denn ich bin weder Spezialistin für psychische Probleme, noch habe ich ein Wundermittel für alle Fälle parat. Ich bin nur jemand, der Ihnen von seinen Erfahrungen erzählt und sich darüber freuen würde, wenn Sie dabei für sich etwas Brauchbares entdecken. Was den Rollentausch Eltern – Kind betrifft, so bin ich der Meinung, daß die Hilfsbedürftigkeit der Eltern nicht Anlaß sein sollte, das eigene Leben zu opfern. Opfer bedeutet: durch persönlichen Verzicht möglich gemachte Aufwendung für andere. Und Verzicht heißt, sich einer Sache enthalten, und das birgt den Keim der Aggression. Genau das können Sie für sich nicht wollen, wenn Sie sich wirklich lieben.

Und deshalb ist es wichtig, keine »Opfer« zu bringen. Was Sie für Ihre Eltern tun können – und natürlich auch für andere –, soll aus Liebe und Freude geschehen. Opfern Sie nicht Ihre Zeit für Dinge, die in unseren Breiten in einem Sozialprogramm enthalten sind, das wir mit unseren Steuern finanzieren, wie zum Beispiel Essen auf Rädern, Heimhilfe, Wäschedienst usw. Immer vorausgesetzt, die Eltern wollen so lange wie möglich zu Hause betreut werden, und das läßt sich organisieren.

Meine Nachbarn zum Beispiel, zwei bezaubernde alte Leutchen über siebzig, haben selbst Vorsorge getroffen und sich in einem Pensionistenheim angemeldet, für den Fall, daß sie zu Hause das, was zu tun ist, nicht mehr schaffen.
Und wenn man die beiden von ihrer Zukunft reden hört, so klingt das durchaus positiv.
Natürlich ist das nicht jedermanns Sache, aber es ist auch eine Möglichkeit. Wie gesagt, es gibt für die Betreuung Ihrer Eltern viele Hilfen, die Ihnen Zeit ersparen. Für Sie gibt es noch genug zu tun.
Vor allem: Liebe und Geborgenheit zu vermitteln, denn dafür gibt es keine öffentliche Instanz. Das können nur Sie aus vollem Herzen.

Wenn Sie erkannt haben, daß Sie die wichtigste Person in Ihrem Leben sind, über Ihren persönlichen Kosmos regieren und damit Ausgewogenheit und Wohlbefinden erreicht haben, dann wissen Sie auch, wie wichtig das Wohlbefinden derer, die Sie lieben, für Ihr eigenes Wohlbefinden ist. Dann können Liebe und Energie fließen, und Sie haben damit einen ewigen Kreislauf ausgelöst.
Wenn Sie sich das stets vor Augen halten, werden Sie die neue Situation mit Ihren Eltern liebevoll meistern, Ihre Eltern nicht als Belastung empfinden, was ich leider oft von einigen Mitmenschen zu hören bekomme. Ihnen sei geraten, an ihr eigenes Alter zu denken und dringend einen Blick nach innen zu werfen.

Ich habe eine große Vorliebe für alte Menschen. Vielleicht geht es Ihnen auch so! Vorzugsweise gilt meine Zuneigung den Gütigen, Sanften, die sich

einen gewissen Humor bewahrt haben und viel erzählen können. Ich weiß, daß es auch andere gibt.
Machen Sie sich die Weisheit, das Wissen und die Erlebnisse alter Menschen doch im besten Sinne des Wortes zunutze! Es gibt so vieles, was unwiederbringlich verlorengeht, wenn es diese alten Menschen nicht mehr gibt.
Ich höre gern meinem achtzigjährigen Vater zu, wenn er in seinen Erinnerungen kramt und von einer Zeit erzählt, in der ich noch ein Winzling war und an die ich mich nicht erinnern kann, die aber auch zu meinem Leben gehört. Vieles wäre es wert, aufgeschrieben zu werden, vor allem, was die Familie betrifft. Wenn die nächste Generation nachrückt und Fragen stellt, könnte man vielleicht einiges leichter beantworten.

Lances Mutter war eine bezaubernde alte Lady und eine besonders starke Persönlichkeit. Sie ist vor einigen Jahren gestorben. Wir haben einander sehr gemocht, obwohl – oder vielleicht gerade deshalb – wir einander nur einmal im Jahr in Jamaika treffen konnten. Moms, wie sie alle nannten, stammte von den Maroons. Das waren jene Bewohner von Jamaika, die sich derart tapfer und erfolgreich gegen die englische Besatzung gewehrt haben, daß man ihnen einen Staat im Staat überließ. Obwohl Jamaika längst unabhängig ist, existieren dieser Staat und einige andere Gebiete der Maroons immer noch. Einige weiße Flecken auf der Landkarte Jamaikas weisen auf diese Gegenden hin, die auch heute noch schwer zugänglich sind. Sie können das selbst überprüfen.
Lediglich der Staat im Staat, Accompong, ist für

Touristen relativ leicht erreichbar, und ich war natürlich dort. Es war ein tolles Erlebnis!
Die Menschen dort sind sehr naturverbunden und strahlen eine unglaubliche Freundlichkeit und Fröhlichkeit aus. Auch wissen sie, wie kaum jemand anderer auf dieser Insel, um die Heilkräfte der Natur. Dieses Wissen war auch Moms zu eigen. Und noch heute habe ich von ihr ein Päckchen »Buzy Tea«, einen Tee aus pulverisierten Kräutern gegen Vergiftungen und Bauchkrämpfe.
Wie oft habe ich die Familie in Jamaika gebeten, Moms' Wissen aufzuschreiben. Meine Ferien waren ja immer zu kurz dafür. Nun ist Moms nicht mehr bei uns und hat einen wertvollen Schatz mitgenommen. Alles, was sie über die Heilkräfte von Pflanzen und Kräutern wußte, ist für uns für immer verloren.
Ich habe Ihnen diese Geschichte erzählt, um Ihnen klarzumachen, wie wertvoll alte Menschen mit ihrer Weisheit, ihrem Wissen für uns sein können. Empfinden wir sie nicht als Ballast, sondern sehen wir in ihnen einen wertvollen Schatz! Lassen wir unsere Liebe fließen, und unser Gegenüber wird sich uns öffnen und uns mit Liebe und Weisheit belohnen.

Es ist die ewige Wechselwirkung, an die ich Sie jeweils am Ende eines Kapitels erinnern möchte: Nur wenn Sie sich selbst lieben, können Sie Liebe ausstrahlen. Und was Sie ausstrahlen, bekommen Sie auch zurück. Das ist nicht nur ein tolles, sondern auch ein stimulierendes Gefühl, das Ihnen beweist: Sie sind auf dem richtigen Weg!

DIE ELTERN

- Ich bringe keine Opfer. Was ich für andere tue, das tue ich gern.
- Ich mache mir die Weisheit alter Menschen zunutze.
- Ich empfinde meine Eltern nicht als Ballast.
- Ich bin voller Güte und Geduld.
- Das, was ich ausstrahle, bekomme ich auch zurück.

Man lebt nur einmal in der Welt.

Goethe, »Clavigo«

DAS LEBEN AN SICH ...

Alles, worüber ich jetzt seitenweise mit Ihnen gesprochen habe, all das ist das Leben. Nicht irgendeines, auch kein spezielles, ganz einfach: das Leben an sich! Die Ingredienzen können im individuellen Leben ganz unterschiedlich sein, das spielt keine Rolle, das Leben bleibt das, was es ist: der Weg jedes einzelnen Menschen. Unser Weg.
Ich habe mich gefragt, warum unsere Sprache, die deutsche nämlich, dem Leben einen neutralen Artikel vorsetzt, während zum Beispiel die Italiener und die Franzosen das Leben eindeutig weiblich sehen: la vita, la vie. Was ja auch irgendwie logisch ist, finden Sie nicht? Das Weibliche, das Lebenspendende.

Meine Frage hat ein gescheites Herkunftswörterbuch längst beantwortet, zumindest dem Buchstaben nach: Das Substantiv Leben kommt von Leib, lib usw., das Verb von liban – leben usw. Im Englischen heißt es ja dann auch: life und live. So weit, so gut.
Das alles können Sie selbst ausführlich nachlesen, wenn Sie Lust dazu haben. Die Erklärung ist eindeutig, logisch und anschaulich und trotzdem: Ich für meine Person konnte mich nie so wirklich mit dem Artikelchen *das,* dem Leben vorgesetzt, anfreunden.

Vielleicht fragen Sie sich jetzt bereits, was das eigentlich alles soll und welche Relevanz das überhaupt hat. Das will ich Ihnen natürlich sagen, denn dazu ist dieses Kapitel da.
Als ich mit der Reise in meinen ureigenen Kosmos, in mein innerstes Ich, begonnen habe, wurde das Leben für mich zur Person, zu einem Geschöpf, einem Visavis, mit dem ich mich unterhalte. Nein, das ist nicht die spleenige Idee einer exaltierten Fünfzigerin, es ist, wenn Sie wollen, eine Art Dialog mit einem höheren Wesen, mit dem Universum, wie auch immer Sie das für sich auslegen möchten. Das ist Ihre Sache. Ich rede mit dem Leben, auch laut, und finde nichts dabei. Im Gegenteil: Es ist ein wichtiger Faktor im Umgang mit mir selbst. Wenn Sie es einmal ausprobiert haben, werden Sie selbst erleben, wie angenehm, hilfreich und auch amüsant das sein kann. Prinzipiell gehe ich davon aus, daß das Leben nur positiv gepolt sein kann. Es will mir nichts Böses, es will mir nicht schmeicheln, es ist indifferent und hat keine Meinung, also gibt es auch keine Diskussion. Es ist einfach da, eine freundliche Person, die zu allem, was ich tue, wie gesagt, keine Meinung hat, aber alles, was ich tue und sage, bejaht. Egal, was es auch ist. Und das ist der springende Punkt.

Sie erinnern sich? Am Anfang des Buches habe ich Ihnen gesagt, daß ich von mir selbst Sätze wie: Das schaffe ich nicht! Ich bin ja blöd! niemals zu hören bekomme, weil ich mich mag. Und weil mein ständiger Begleiter, das Leben, zu allem nickt, was ich tue und sage. Wenn Sie also das Leben so wie ich sehen, dann werden Sie zum Beispiel auf Ihren Seufzer »Das gelingt mir sicher nie!« ein sanftes, aber bestimmtes Ja zu hören bekommen. Und dann, das ist ganz sicher, dann gelingt es auch nicht. Das ist doch logisch, nicht wahr? Probieren Sie es einfach einmal aus, das oder jenes zu sein, das oder jenes zu wollen, mit dem Ja des Lebens wird es Ihnen gelingen. Vielleicht nicht sofort,vermutlich bedarf es einiger Anstrengung, aber wenn Sie nicht locker lassen und das Ja des Lebens im Ohr haben, dann werden Sie Ihr Ziel eines Tages erreichen, da bin ich ganz sicher. Nur: Auch Sie sollten ganz sicher sein, daß Sie das, was Sie anstreben, auch wirklich wollen.

Lassen Sie Ihre Energie fließen, nützen Sie sie! Sie haben gelernt, sich zu lieben, für negative Gefühle zu sich und anderen ist in Ihrem Kosmos kein Platz. Kein abwertender Gedanke zur eigenen Person findet Raum. Sie sind von Liebe und Wärme erfüllt, und das Leben steht Ihnen zur Seite und sagt zu allem ja, was Sie erreichen wollen, zu allem, was Sie sind und was Ihre Person ausmacht.
Wenn Sie sich so empfinden, dann strahlen Sie das auch automatisch auf Ihre Umgebung aus. Das kann ich nur immer wieder betonen, damit Sie es niemals vergessen. Mit dem Leben an Ihrer Seite, das Sie in allem bejaht, haben Sie einen wichtigen Partner, eine persönliche Kontrolle, eine Meßlatte, wie es um Ihre Energie, Ihre Liebe zu sich selbst bestellt ist.

Vergessen Sie nicht: Jeder Ihrer Gedanken, jede Aktion wird vom Leben bejaht. Sie also entscheiden, wie Ihr Weg aussieht. Ich halte das für eine große Hilfe, die nicht zu unterschätzen ist.
Es ist ein wunderbares Gefühl, den Jasager an meiner

Seite zu wissen, und für mich auch wichtig, ihn nicht aus den Augen zu lassen. Ich betone das deshalb ganz besonders, weil sich manchmal über bestimmte Zeiträume gewisse Dinge aus dem Gedächtnis schleichen und im Unbewußten verkriechen. Ich möchte Sie nur daran erinnern, das, was Sie vielleicht ohnehin schon wissen oder vielleicht auch genauso empfinden wie ich, nicht zu vergessen, nicht abzulegen.

Machen Sie sich das, was ich Ihnen zu sagen habe, täglich bewußt. Es ist eine wirklich leichte Übung. Das Leben ist Ihr stärkster Partner, ein Freund, mit dem Sie sich richtig wohl fühlen sollen, denn dieser Freund ist letzten Endes alles, was Sie haben. Machen Sie etwas daraus, ganz bewußt, täglich bewußt, mit jedem Atemzug bewußt.
Genießen Sie die positiven Energien, die im Verbund mit dem Leben entstehen, wenn Sie das wirklich auch so wollen. Lieben Sie sich, denn damit lieben Sie auch das Leben. Und wer sich und das Leben liebt, der hat seine Mitte gefunden, seine Balance, die nur sehr schwer zu stören ist.
Auch das liegt letzten Endes an Ihnen selbst. Sie bestimmen, wie es Ihnen geht, Sie entscheiden, wie Sie sich fühlen wollen, Sie sind der Herrscher über Ihren persönlichen Kosmos, mit dem Leben an Ihrer Seite, das alles was Sie tun, bejaht. Sagen auch Sie ja zum Leben, und vieles wird leichter, manches wird transparenter, einiges wird unwichtig, und das meiste bekommt das richtige Gewicht.
Denken Sie jetzt, bitte, nicht: Schön wär's! Aber so einfach ist das Leben auch wieder nicht!
Ich habe nicht gesagt, daß das Leben einfach ist. Das

Leben ist nicht einfach, nicht farblos, nicht anspruchslos, nicht unkompliziert. Das wäre ja auch ziemlich langweilig. Sie wollen doch auch gefordert werden, Ihr wacher Geist will doch auch seine Neugierde befriedigen, Sie wollen doch auch Neues erfahren und lernen. Na eben!

Das Leben als bejahendes Element hat ja nur die Aufgabe, Sie zu stimulieren, Sie in die richtige Richtung zu führen: Sie zu positiven Gedanken und Äußerungen sanft zu zwingen, Ihren Wünschen, Plänen und Aktivitäten einen positiven Impuls zu geben. Sie wissen ja: Die Kraft der Gedanken und Worte, die Selbstsuggestion, ist unbestritten und wissenschaftlich belegt.

Sie sehen, wieder nichts Neues aus meiner Trickkiste, aber vielleicht von Ihnen schon eine Weile vergessen. Ich will ja auch nur daran erinnern, wie ja auch das ganze Buch eigentlich dazu gedacht ist, Sie vor allem zu erinnern an das, was Sie vermutlich unbewußt gespeichert haben. Ich will Ihnen vieles davon wieder ins Gedächtnis rufen, zu Bewußtsein bringen, damit Sie Ihren Nutzen daraus ziehen können.

Natürlich kann auch ich – bei all den positiven Gedanken, die man trainieren kann – nicht übersehen, daß es so etwas wie die Gene – das Erbgut – gibt, die für jeden von uns ein anderes Basisprogramm beinhalten. Sie sind es ja auch, die uns bestimmte Grenzen setzen.

Um wieder einmal – hab ich schon lange nicht gemacht – ein banales Beispiel zu wählen: Mit einer Körpergröße von 1 Meter 85 wird man als Frau kaum die Karriere einer Primaballerina machen.

Ich habe absichtlich ein derart schlichtes Beispiel gewählt, weil es mir recht anschaulich scheint.

Ich meine – und ich hoffe, Sie werden mir recht geben –, daß jeder von uns im Rahmen seines Basisprogramms mit Hilfe von positivem Denken und Handeln sein Bestes erreichen kann. Natürlich mit dem Einsatz der ganzen Person, mit Ehrgeiz und Energie und den nötigen Aktionen. Der Wunsch, der positive Gedanke allein genügt nicht! Er ist nur der Ausgangspunkt. Für das, was Sie sich vornehmen, ist der gute Start sehr wichtig. Das haben Sie vermutlich auch im Verlauf der Lektüre meines Buches erleben können, falls Sie die praktischen Übungen mitgemacht haben, um die Reise in Ihr Inneres anzutreten. Auch dabei kommt es ja auf die Einstellung an, in diesem Fall zu sich selbst.
Wenn Sie Ihre Gene, Ihre Anlagen, Ihr Grundkonzept, als eine Arbeitsfläche akzeptieren, auf der Sie kreativ werken können, dann werden Sie sich auch wohl fühlen. Zuerst müssen Sie wissen – und damit verweise ich wieder auf den Beginn meiner Ausführungen –, wie diese Arbeitsfläche aussieht, wie sie beschaffen ist. Sonst verirren Sie sich in Dimensionen, in denen Sie sich nicht mehr zurechtfinden. Sie könnten unsicher werden, ängstlich, ja vielleicht sogar aggressiv. Mit Sicherheit aber frustriert!

Sie sehen, die Liebe zu sich selbst ist unumgänglich, läßt sich auch in diesen Seiten nicht an den Rand drängen und will immer wieder erwähnt werden. Und mit Recht! Denn sie ist der Ausgangspunkt zu einem harmonischen Leben mit sich selbst und in der Folge mit unseren Mitgeschöpfen.

Sie sehen, Sie haben recht: Das Leben ist nicht einfach! Es ist vielschichtig, bunt, mitunter kompliziert, aber voller Energie und Tatendrang. Es will Sie bejahen, es kann nicht anders. Liefern Sie das entsprechende Material, dann wird daraus das, was eines Tages »Erfüllung« heißt.

Versuchen Sie jeden Tag so zu leben, daß Sie auf einen erfüllten Tag – nicht notgedrungen auf einen überfüllten Terminkalender – zurückblicken können, bevor Morpheus Sie in seine Arme nimmt. Schließlich weiß niemand von uns, ob der Schlaf uns auch wieder in den nächsten Tag entläßt! Und – auch das ist eine alte Weisheit, die ich sehr schätze – leben und erleben Sie jeden Tag so, als könnte es Ihr letzter Tag sein. Das bringt Ihnen ein intensiveres Erleben, ein bewußteres Agieren, ein genußvolleres Dasein, und insgesamt – Sie wissen es – ein wunderbares Gefühl, weil Sie sich selbst spüren!

... UND DIE FOLGEN

Nachdem ich über das Leben geschrieben habe, will ich jetzt auch über den Tod schreiben, der ja untrennbar mit dem Leben verbunden ist und für viele Menschen ein Tabu bedeutet.
Es muß zwar jeder von uns sterben, aber man darf im allgemeinen nicht darüber reden. Ich finde, man muß darüber reden, denn der Tod ist, wie das Leben, unser ständiger Begleiter. Das ist weder traurig noch alarmierend oder beklemmend. Es ist eine Tatsache, der ich mich nicht verschließen möchte und die mir

sogar hilft, mein Leben noch mehr zu genießen und zu schätzen.
Was das bedeutet? Stellen Sie sich vor, Sie müßten – ich sage bewußt: müßten – ewig leben! Auf den ersten Blick scheint das ein wunderbarer Aspekt zu sein. Bei näherer Betrachtung sieht das schon etwas anders aus. Denken Sie, zum Beispiel, an die griechischen Götter: Sie sind unsterblich.
Klingt gut, nicht wahr? Aber: haben Sie erfahren, welchen Unfug diese Herrschaften trieben? Welch bizarren Aktionen sie sich unterworfen haben?
Haben Sie gelesen, wie boshaft Zeus sein konnte, ganz einfach aus Langeweile, weil sein Leben ja kein Ende hatte, jedes Ziel von ihm erreicht wurde, und wie er ständig neue Ziele und Ablenkungsmanöver erfinden mußte, damit nur irgend etwas geschah, egal was? Vielleicht haben Sie Lust und Muße, einmal nachzulesen, wieviel Unfug die griechischen Götter trieben, nur weil ihr Leben keinen Sinn, weil kein Ende hatte. Amüsant ist diese Lektüre allemal!

Die Vision vom ewigen Leben halte ich für eine Schreckensvision: Die Lust am Leben, Freude, Liebe, Ehrgeiz, Hoffnung, Zufriedenheit, Weisheit und Harmonie wären sinnentleerte Vokabel, das herrschende Gefühl wäre die Hoffnungslosigkeit.

Vielleicht erinnern Sie sich an den köstlichen Film: »Der Tod steht ihr gut« mit Meryl Streep, Goldie Hawn und Bruce Willis. Ganz kurz: es ging darin um den Jugendwahn in Hollywood und um die Unsterblichkeit. Ein Wunderelixier verhalf den Damen zur ersehnten Unsterblichkeit.
Allerdings waren für die äußere Hülle in gewissen

Abständen wichtige Wartungsarbeiten vonnöten, wie zum Beispiel Hauterneuerung, um Leichenblässe zu kaschieren und ähnliches. Der richtige Mann dafür war Bruce Willis in seiner Eigenschaft als plastischer Chirurg. Aber um den Damen den ewigen Service auch bieten zu können, sollte er ebenfalls das Wunderelixier zu sich nehmen.
Und da geschah für die Damen das Unerwartete und Unfaßbare: Ihr Restaurateur wollte gar nicht ewig leben! Er wollte nicht – womöglich ewig! – an irgendeiner Krankheit leiden oder ewig arm sein etc. Er wollte ein erfülltes Leben führen, das er dann auch hatte. Er ist dem Wundermittel entkommen, durfte sterben und blieb für seine Nachwelt durch seine Taten und seine Eigenschaften unsterblich.

Dieser Film macht in satirischer Form deutlich – und das ist das Ernsthafte daran –, wie wichtig der Tod für unser Leben ist. Denn so wie ich es empfinde, gehören die Art und Weise, wie wir die Strecke zwischen Geburt und Tod verbringen, zum Sinn des Lebens.
Der Weg ist das Ziel!

Was uns die Erfahrung lehrt, welche Schlüsse wir daraus ziehen, wie wir mit uns selbst und anderen umgehen, wie wir das Beste aus unserem Leben machen, das ist zwar sicher für jeden einzelnen anders, und auch die Wege mögen verschieden sein, aber all das ist für uns ein möglicher Sinn!
Diese Sinnhaftigkeit kann sich in der Spur, die wir auf dieser Erde hinterlassen, manifestieren, durch unsere Worte und Taten, die etwas bewirken, bewegen oder verändern konnten. Es ist die Liebe in

unserem Leben, eine Quelle der Energie, die nie versiegt, auch wenn wir nicht mehr da sind.

Der Tod an sich birgt keinen Schrecken. Der eigene schon gar nicht. Es ist der Tod geliebter Mitgeschöpfe, der uns doch eigentlich am meisten zu schaffen macht. Der Verlust eines geliebten Wesens, das Verlassenwerden, das kann uns in tiefe Verzweiflung und Trauer stürzen. Aber auch das gehört zum Leben, muß von uns akzeptiert werden. Jeder einzelne Mensch wird auf seine ganz spezielle Art den Schmerz verarbeiten. Und die Liebe zu sich selbst kann auch dabei von großer Hilfe sein.

Ich fürchte mich nicht vor meinem Tod, so wie ich mich ja auch nicht vor dem Einschlafen fürchte. Das tun Sie doch auch nicht! Eben! Ich lebe so, daß ich jeden Tag »abtreten« könnte. Mein Leben ist erfüllt, und ich denke mit Freude an all das, was ich erlebt habe, egal ob »gut« oder »schlecht«. Erfahrungen, welche auch immer, sind für mich wichtig, Irrtümer empfinde ich als lehrreich und Probleme als anspornend. Ich fühle mich wohl in meiner Haut, genieße das Leben und bin neugierig auf alles, was vielleicht noch vor mir liegt.

Mögen meine Wünsche Sie begleiten!

DAS LEBEN AN SICH UND DIE FOLGEN

- Ich sehe das Leben als Partner, der zu allem ja sagt, was ich tue. Dadurch entscheide ich darüber, wie mein Weg aussieht.
- Was ich will, kann ich erreichen.
- Erfahrungen sind wichtig, egal ob gut oder schlecht.
- Irrtümer sind lehrreich, Probleme anspornend.
- Ich bleibe neugierig auf alles um mich herum.
- Carpe diem! Ich nütze jeden Tag voll aus und genieße ihn, als wäre er mein letzter.
- Der Tod birgt keinen Schrecken für mich, er gehört zu meinem Leben. Ich fürchte mich ja auch nicht vor dem Einschlafen!
- Ich versuche, ein erfülltes Leben zu leben.

ZUM ABSCHLUSS

★

Ich bin sehr froh darüber, daß ich dieses Buch schreiben durfte, und bedanke mich hiermit bei allen, die mir durch viele Gespräche dabei geholfen haben, und bei jenen, die mir Mut gemacht und meinen Energien freien Lauf gelassen haben.
Dieses Buch hat eine Eigendynamik entwickelt, je länger ich daran gearbeitet habe, eine Dynamik, der ich mich nicht entziehen konnte und die mein tägliches Leben beeinflußt hat.
Ich habe einmal mehr durch die Niederschrift meiner Gedanken Neues über mich erfahren, und wenn Sie der einzige Mensch sind, der meine Gedanken gelesen hat, und Sie davon ein wenig profitieren können, dann war es wert, dieses Buch geschrieben zu haben.

Ich wünsche Ihnen alles Gute! Wärme, Liebe, Energie, positive Gedanken, Gesundheit und ein erfülltes Leben!